Jan Fuhse

Theorien des politischen Systems

Studienbücher Politische Theorie und Ideengeschichte

Herausgegeben von
André Brodocz, Technische Universität Dresden
Gary S. Schaal, Universität Stuttgart

Jan Fuhse

Theorien des politischen Systems

David Easton
und Niklas Luhmann.
Eine Einführung

VS VERLAG FÜR SOZIALWISSENSCHAFTEN

VS Verlag für Sozialwissenschaften
Entstanden mit Beginn des Jahres 2004 aus den beiden Häusern
Leske+Budrich und Westdeutscher Verlag.
Die breite Basis für sozialwissenschaftliches Publizieren

Bibliografische Information Der Deutschen Bibliothek
Die Deutsche Bibliothek verzeichnet diese Publikation in der Deutschen Nationalbibliografie;
detaillierte bibliografische Daten sind im Internet über <http://dnb.ddb.de> abrufbar.

1. Auflage Juni 2005

Alle Rechte vorbehalten
© VS Verlag für Sozialwissenschaften/GWV Fachverlage GmbH, Wiesbaden 2005

Lektorat: Frank Schindler

Der VS Verlag für Sozialwissenschaften ist ein Unternehmen von Springer Science+Business Media.
www.vs-verlag.de

Das Werk einschließlich aller seiner Teile ist urheberrechtlich geschützt. Jede Verwertung außerhalb der engen Grenzen des Urheberrechtsgesetzes ist ohne Zustimmung des Verlags unzulässig und strafbar. Das gilt insbesondere für Vervielfältigungen, Übersetzungen, Mikroverfilmungen und die Einspeicherung und Verarbeitung in elektronischen Systemen.

Die Wiedergabe von Gebrauchsnamen, Handelsnamen, Warenbezeichnungen usw. in diesem Werk berechtigt auch ohne besondere Kennzeichnung nicht zu der Annahme, dass solche Namen im Sinne der Warenzeichen- und Markenschutz-Gesetzgebung als frei zu betrachten wären und daher von jedermann benutzt werden dürften.

Umschlaggestaltung: KünkelLopka Medienentwicklung, Heidelberg

Gedruckt auf säurefreiem und chlorfrei gebleichtem Papier

ISBN-13:978-3-531-14674-4   e-ISBN-13:978-3-322-80763-2
DOI: 10.1007/978-3-322-80763-2

Vorwort der Reihenherausgeber

Mit diesem Band eröffnen wir eine neue Reihe von Lehrbüchern zur Politischen Theorie und Ideengeschichte. Die didaktischen Zugriffe darauf sind fast genauso vielfältig wie die theoretischen Ansätze selbst. Darstellungen können sich an Autoren, Geschichte, Paradigmen, Themen oder Schlüsselkonzepten etc. orientieren. Mit den beiden von uns herausgegebenen Bänden über „Politische Theorien der Gegenwart" richteten wir unser Augenmerk auf Referenzautoren und diskutierten diese paradigmatisch für einen ganzen Theorieansatz. Eine solche Darstellung kann jedoch nicht alle Phänomene und interessanten Fragestellungen in den Blick nehmen. Daher haben wir den Fokus der vorliegenden Reihe erweitert. Zwar wird im kommenden Jahr auch eine aktualisierte Auflage von „Politische Theorien der Gegenwart" in dieser Reihe erscheinen. Doch stellen wir in der neuen Reihe die theoretischen Paradigmen in den Vordergrund. Unter dieser Prämisse diskutiert der vorliegende erste Band die Theorien des politischen Systems anhand seiner beiden prominentesten Autoren: David Easton und Niklas Luhmann. Darüber hinaus fokussiert die Reihe Schlüsselkonzepte der Politikwissenschaft aus theoretischer Perspektive. So werden die weiteren Bände u.a. einen schnellen Einblick in den gegenwärtigen Forschungsstand von Schlüsselkonzepten wie „Demokratische Performanz" oder „Veto-Player" gewähren. Ebenso wird die aktuelle Diskussion in der politischen Ideengeschichte anhand systematischer Fragestellungen aufbereitet. Ein entsprechender Band zur „politische Anthropologie" ist dazu in Vorbereitung.

Über die verschiedenen didaktischen Zugriffe hinaus zielt die neuen Reihe also darauf ab, den aktuellen Forschungsstand in der Politischen Theorie und Ideengeschichte für Studentinnen und Studenten, aber auch für Kolleginnen und Kollegen, didaktisch aufbereitet und in knapper Form zu präsentieren.

Wir danken Jan Fuhse, der die Last des ersten Bandes übernahm, und Frank Schindler vom VS Verlag, der diese Reihe ermöglicht.

Dresden und Stuttgart, April 2005
André Brodocz & Gary S. Schaal

Inhalt

Vorwort	9
1 Einleitung: Theorien des politischen Systems als Orientierungspunkte der Politikwissenschaft	**11**
1.1 Theoretiker des politischen Systems	12
1.2 Wozu ein allgemeines Modell des Politischen?	15
2 David Easton	**20**
2.1 Biographie	20
2.2 Amerikanische Politikwissenschaft in der Mitte des 20. Jahrhunderts	20
2.3 Werkbiographie	24
2.4 Politisches System: Definition	27
2.5 Systemgrenze, Persistenz, Input-Output-Modell	31
2.6 Demands als Inputs des politischen Systems	35
2.7 Support als Input des politischen Systems	38
2.8 Outputs und Feedback	47
2.9 Politische Strukturen	51
2.10 Zusammenfassung	54
2.11 Kritik	56
3 Niklas Luhmann	**64**
3.1 Biographie	64
3.2 Von Easton und Parsons zu Luhmann	64
3.3 Werkbiographie	66
3.4 Begriff des politischen Systems	69
3.5 Gemeinwohl, Macht, Regierung/Opposition, politische Programme	73
3.6 Differenzierung der Politik	80
3.7 Strukturelle Kopplungen	90
3.8 Zusammenfassung	97
3.9 Kritik	101
4 Systemtheorien des Politischen im Vergleich	**108**

Literatur zum Weiterlesen 119

Literaturverzeichnis 123

Vorwort

Theorien der Politik sind leider nicht unbedingt ein zentraler Bestandteil des Curriculums an deutschen Hochschulen. Das ist zu bedauern, schließen sie doch die Lücke zwischen den ausgiebig behandelten Klassikern der politischen Philosophie und der mannigfaltigen empirischen Forschung zu politischen Einstellungen, Konflikten zwischen Parteien, sozialen Bewegungen und Verbänden etc. Die Theorien des politischen Systems von David Easton und Niklas Luhmann sind dafür sicherlich sehr wertvolle – wenn nicht derzeit die wichtigsten – theoretischen Rahmen.

Einer der wichtigsten Gründe für das Entstehen dieses Buches ist ein Bedarf an einfachen und gut verständlichen Einführungen zu diesem Thema. Bei der Prominenz von David Easton in der Politikwissenschaft ist es verwunderlich, wie wenig zu seiner Theorie in Deutschland erschienen ist. Insbesondere Überblicksdarstellungen finden sich kaum. Ausnahmen sind die kurzen Darstellungen von Dieter Fuchs und Arno Waschkuhn (Fuchs 2002; Waschkuhn 2005). Diese sind für einen ersten Einstieg sehr hilfreich, wohl aber zu kurz, um die Spannungsfelder der Eastonschen Theorie ausführlicher darzulegen. Zu Niklas Luhmanns politischer Soziologie ist in den letzten Jahren dagegen eine Reihe von Arbeiten in Deutschland erschienen (Barben 1996; Greven 1998; Göbel 2000; Demirovic 2001; Hellmann / Schmalz-Bruns 2002; Lange 2003; Hellmann et al. 2003). Viele der Arbeiten sind sehr kontrovers, fast alle setzen einen hohen Wissensstand der Theorie voraus. Einige kürzere Darstellungen liefern sinnvolle Einstiege, oft jedoch mit spezifischem thematischen Fokus – etwa auf die Steuerungsdebatte oder auf strukturelle Kopplungen (Brodocz 2001; Lange / Schimank 2001; Hellmann 2002). Das vorliegende Buch ist ein Versuch, einen Überblick über die verschiedenen Themengebiete der Luhmannschen politischen Soziologie sowie über das Modell des politischen Systems bei Easton zu liefern.

Sozialwissenschaftliche Theorien werden meist isoliert diskutiert – ohne Blick auf andere Theorien und ohne Seitenblicke auf empirische Forschung oder allgemeine Debatten in der Disziplin. Das vorliegende Buch geht anders vor: Die Theorien des politischen Systems von David Easton und Niklas Luhmann sollen als die ausgefeiltesten Theorieprogramme der Politikwissenschaft vorgestellt werden – mit ihren Ähnlichkeiten und Unterschieden, mit ihren jeweiligen Vor- und Nachteilen. Und ich habe versucht, beide Theorien in den weiteren Kontext der Disziplin einzuordnen – einerseits mit der knappen Darstellung von Kritik und Kontroversen, andererseits mit wohldosierten Hinweisen auf weitere Literatur zu dem Thema, auf Weiterentwicklungen und auf empirische Arbeiten.

Ich habe mich in meinen Schreibstil sehr stark um Verständlichkeit und leichte Zugänglichkeit bemüht, komplizierte Satzkonstruktionen und Fremdwörter (soweit es mir möglich schien) vermieden. Eine einfache Darstellung bedeutet leider auch oft, dass die begriffliche Genauigkeit nicht ‚hundertprozentig' einzuhalten ist. Ich habe versucht, zwischen beiden Extremen der absoluten Verständlichkeit und der absoluten begrifflichen Genauigkeit einen gesunden Mittelweg zu finden. Meine Überblicksdarstellung kann eine Beschäftigung mit den Originaltexten von Easton und Luhmann ohnehin nicht ersetzen – sie kann lediglich den Zugang erleichtern. Natürlich konnte ich es dabei auch nicht vollständig vermeiden, *meine Interpretation* der beiden Theorien zu präsentieren. Ich habe soweit wie möglich versucht, eigene Meinungen für mich zu behalten und Kontroversen um Begriffe aus dem Weg zu gehen. Ganz vermeiden lässt sich die Differenz zwischen Originaltext und Interpretation aber natürlich nicht.

Viele Menschen um mich herum haben zum Zustandekommen dieses Buches beigetragen. Dazu gehört natürlich unser Lektor Frank Schindler vom VS-Verlag, aber auch Barbara Budrich, die damals (noch für den Leske + Budrich-Verlag) mit den Herausgebern die Einführungsreihe in Politische Theorien auf den Weg brachte. Mit Dieter Fuchs und André Brodocz haben zwei der besten Kenner der Eastonschen bzw. der Luhmannschen Theorie die jeweiligen Kapitel durchgelesen und mir mit wichtigen Hinweisen vor allem zu missverständlichen Formulierungen und begrifflichen Ungenauigkeiten sehr weiter geholfen. Anne-Valérie Peters hat ebenfalls große Teile des Manuskripts korrigiert. Mein Chef Dieter Urban hat mich mit Ressourcen unterstützt und mir die Zeit gegeben, an dem Buch zu arbeiten – obwohl sich unsere Abteilung eigentlich mit soziologischen Theorien und Sozialstrukturanalyse und nicht mit Theorien der Politikwissenschaft beschäftigt. Am meisten hat aber zum Entstehen des Buches Gary Schaal beigetragen, mit seiner unermüdlichen Begeisterung für politische Theorie und unsere Arbeit, seinen wichtigen Kommentaren und Verbesserungsvorschlägen zum Manuskript und nicht zuletzt: mit seiner persönlichen Unterstützung und Freundschaft. All diesen Menschen gilt mein großer Dank!

Stuttgart, März 2005

1 Einleitung: Theorien des politischen Systems als Orientierungspunkte der Politologie

> *SCHÜLER*: Doch ein Begriff muß bei dem Worte sein.
> *MEPHISTOPHELES*: Schon gut! Nur muß man sich nicht so ängstlich quälen;
> Denn eben wo Begriffe fehlen,
> Da stellt ein Wort zur rechten Zeit sich ein.
> *Johann Wolfgang von Goethe: Faust, 1. Teil*

Worum geht es in der Politikwissenschaft? Um die theoretische Modellierung und empirische Analyse politischer Systeme, ihrer Strukturen, der in ihnen ablaufenden Prozesse und ihrer Beziehungen zueinander. Diese Antwort klingt zunächst recht einsichtig. Worum sollte es in der Politikwissenschaft gehen, wenn nicht um politische Systeme? Was aber genau ist ein *politisches System*? So leicht einem das Wort über die Lippen geht, so schwer fällt eine Definition. Schnell geht man dazu über, die Institutionen des politischen Systems aufzuzählen: in Deutschland den Bundestag, die Bundesregierung, möglicherweise soziale Bewegungen und Lobby-Gruppen, auf jeden Fall aber noch ausführende Organe wie Verwaltungen, Polizei und Militär. Gehören die Gerichte dazu? Möglicherweise, aber dann sollte man vielleicht auch die Massenmedien und die öffentliche Meinung dazu zählen. Und das alles soll irgendwie in einem ‚politischen System' zusammen gefasst sein. Wie aber werden diese Institutionen zusammen gehalten? Und macht es einen Unterschied, von einem politischen *System* statt einfach nur von *der Politik* zu sprechen?

Oft wird in politikwissenschaftlichen Texten der Systembegriff ohne großen Umstand als Sammelbegriff für im weitesten Sinne am politischen Prozess beteiligte Institutionen genutzt. Vielleicht ist das auch gar nicht so falsch. So rät der als Gelehrte verkleidete Teufel in der eingangs zitierten Stelle aus Goethes Faust dem Schüler, sich mit den Begriffen nicht so zu quälen – wo Begriffe fehlten, da reiche oft auch ein Wort. Und als Wort, weniger als Begriff, taucht das ‚politische System' oft in der Politologie auf. In diesem Buch soll nicht der diabolische, sondern der scholastische Weg verfolgt werden: Gegen das auch heute wieder zu beobachtende Fehlen eines einigenden theoretischen Bandes in der Politikwissenschaft haben einige Autoren versucht, allgemeine Theorien des politischen Systems vorzulegen. Die vielleicht wichtigsten von ihnen sind: *Karl W. Deutsch, Talcott Parsons, David Easton, Gabriel Almond* und *Niklas Luhmann*. Sie haben – auf zum Teil sehr unterschiedliche Weise, teils auch sehr ähnlich – den Begriff des politischen Systems mit Leben gefüllt.

1.1 Theoretiker des politischen Systems

Deutsch, Parsons, Easton und Almond haben in einer für die Politikwissenschaft außerordentlich fruchtbaren Zeit nach dem Zweiten Weltkrieg bis etwa zur Mitte der Sechziger Jahre aus unterschiedlichen Wurzeln allgemeine Modelle des politischen Systems bzw. des politischen Prozesses entwickelt. Alle von ihnen arbeiteten in den USA, dem damaligen Mutterland sozialwissenschaftlicher Forschung (auch wenn Deutsch aus Prag emigriert war und Parsons wesentliche intellektuelle Einflüsse während seiner Studien in London und Heidelberg erhielt). Sie waren insofern in einen engen wechselseitigen Austausch verknüpft. Drei Elemente waren für ihre Theorieentwicklungen prägend: zum einen der Einfluss der allgemeinen (nicht-sozialwissenschaftlichen) Systemtheorie, die damals wichtige Entwicklungen erlebte; zweitens ein Interesse an einer möglichst allgemeinen Theorie, die – zumindest in der Parsonsschen Form – für alle sozialen Systeme gültig sein sollte; und drittens der direkte Bezug auf die reichhaltige empirische sozialwissenschaftliche Forschung der Zeit. Dieser Bezug zum empirischen Arbeiten zeichnet die damalige Generation politischer Theoretiker sehr stark aus – anders als viele politische Theoretiker, die oft normativ und ohne Blick auf die Anwendbarkeit ihrer Theorien in empirischer Forschung Politik konzipieren.

Der zunächst einflussreichste von ihnen war *Talcott Parsons*. Er hat seit Mitte der Dreißiger Jahre des 20. Jahrhunderts mit Rückgriff auf verschiedene europäische Klassiker der Soziologie (unter anderem Emile Durkheim und Max Weber) eine allgemeine Theorie des Handelns und sozialer Ordnung vorgelegt. Das politische System konzipierte er dementsprechend als ein Subsystem der Gesellschaft, das für das Gesellschaftssystem die Funktion der Zielerreichung (*goal-attainment*) erfüllt (Parsons 1968). Die genaue Konzeption dieses Arrangements braucht hier noch nicht zu interessieren. Entscheidend ist, dass bei Parsons das politische System in einen wesentlich größer angelegten Theoriezusammenhang eingebettet ist. Genau wie die Wirtschaft oder das Rechtssystem hat die Politik hier seinen Platz, seine Funktion für die Gesamtstruktur der Gesellschaft. Die Theorie von Parsons lag dementsprechend auf einer sehr allgemeinen soziologischen Ebene und war vor allem auf interne Stimmigkeit gearbeitet – und weniger an den direkt beobachtbaren politischen Phänomenen ausgerichtet. Das den Arbeiten von Parsons zugrunde liegende AGIL-Schema hatte er zunächst mit Blick auf die Kleingruppenforschung und auf das Wirtschaftssystem entwickelt (1977: 43ff). Parsons ging davon aus, dass es für andere soziale Systeme – so auch für das politische System – gleichermaßen Gültigkeit besaß.

1.1 Theoretiker des politischen Systems

Innerhalb der Politikwissenschaft setzte sich dann jedoch ein Systembegriff durch, der alleine mit Blick auf politische Phänomene ausgearbeitet war. Die Väter dieses Systembegriffs waren Deutsch, Easton und Almond. Wie Parsons interessierten sich vor allem **Karl W. Deutsch** und **David Easton** stark für die Entwicklungen in der allgemeinen Systemtheorie. Diese Entwicklungen waren unter anderem mit dem Stichwort *Kybernetik* verknüpft. Kybernetik ist die Lehre der Steuerung von Systemen – Steuerung eigener Prozesse unter mehr oder weniger kalkulierbaren Umweltbedingungen. 1963 legte Deutsch sein Buch *The Nerves of Government* vor, in der deutschen Übersetzung als *Politische Kybernetik* publiziert. Politik wurde hier als ein kybernetisches System konzipiert, das innerhalb der Gesellschaft als Steuerungsinstanz fungiert. Aber genau dafür braucht es Informationen (Inputs) aus der Gesellschaft, die im politischen System in Entscheidungen und Maßnahmen (Outputs) übersetzt werden. Easton entwickelte in seinen Arbeiten (weitgehend unabhängig von Deutsch; Easton 1965: 130) ebenfalls ein solches Input-Output-Schema, das aber weniger mechanisch gedacht war und einen komplexen Rahmen für Systemprozesse aufspannte (wie unten noch ausführlich zu sehen sein wird). Während Deutsch sehr stark auf der theoretischen Ebene blieb, war Easton daran gelegen, Konzepte für die Anwendungsforschung zu liefern. Sein Ziel war ein ‚*Framework for Political Analysis*', so der Titel eines seiner Bücher (1965). Zugleich betonte Easton immer wieder, wie wichtig die Orientierung der Politikwissenschaft an einer übergreifenden allgemeinen Theorie war. Entsprechend sah er sich als Mittler zwischen abstrakten theoretischen Konzepten und empirischen Analysen.

Gabriel Almond schließlich war noch stärker als Easton anwendungsbezogen. Zwar zielte auch er auf eine allgemeine Theorie des Politischen, hatte dabei aber immer den direkten Bezug zur Vergleichenden Politikforschung, deren Mitbegründer und Zentralfigur er war. Für die von ihm angeleiteten großangelegten Vergleiche politischer Systeme entlehnte er seine Konzepte zunächst der Systemtheorie von Talcott Parsons, ab dem Ende der Fünfziger Jahre aber vor allem dem Modell von David Easton. In einem neueren Artikel beschreibt Almond, wie stark er in seiner intellektuellen Entwicklung von Easton beeinflusst wurde und wie er Schritt für Schritt die Eastonschen Konzepte und Begriffe übernahm (1997). Allerdings leistete Almond insbesondere mit dem von ihm entwickelten Konzept der Politischen Kultur einen eigenständigen Beitrag, den er in ein integriertes Modell des politischen Systems überführte (1956; Almond / Verba 1963; Almond / Powell 1996). Dieses Modell – zumeist mit den Almondschen Erweiterungen – ist bis heute das autoritative Zentralmodell des politischen Systems in der Politikwissenschaft. Und der Hauptvater dieses Modells heißt eindeutig: David Easton.

Während Parsons, Deutsch, Easton und Almond ihre Arbeiten etwa gleichzeitig im amerikanischen Forschungskontext vorgelegt haben (zumeist im Wechselspiel zwischen der Harvard University und der University of Chicago), nimmt *Niklas Luhmann* als fünfter wichtiger Theoretiker eine Sonderposition ein: Eine Generation später legte er in den Siebzigern, Achtzigern und Neunzigern Arbeiten vor, die bisher vor allem in Deutschland Beachtung gefunden haben. In den Sechzigern verbrachte Luhmann einen Teil seiner Studien in Harvard unter der Ägide von Talcott Parsons. Und das allgemeine Modell sozialer Systeme von Parsons ist es, das Luhmann zunächst mit Rückgriff auf neuere Entwicklungen in der allgemeinen Systemtheorie und der Theorie neurobiologischer Systeme weiterentwickelt. Er geht seit den Siebzigern statt von offenen von (operativ) geschlossenen Systemen aus, macht zu Beginn der Achtziger Kommunikation statt Handlung zum Basiselement sozialer Systeme und ersetzt etwa gleichzeitig das Input-Output-Modell durch sein Autopoiesis-Konzept (Luhmann 1984; 2002: 100ff).

Was das im Einzelnen vor allem für die Theorie des politische Systems bedeutet und an Folgen mit sich bringt, wird noch zu sehen sein. Entscheidend ist hier, dass Luhmann wie Parsons (und anders als Deutsch, Easton und Almond) eine ‚soziologische Theorie des Politischen' entwickelt (Münch 1995: 626). Das politische System ist hier also nicht zentrales Hauptaugenmerk der Theoriebildung, sondern nur ein soziales System von vielen. In der Konsequenz muss das politische System ähnliche Struktureigenschaften wie andere soziale Systeme im Allgemeinen und vor allem wie andere Funktionssysteme (Wirtschaft, Recht, Wissenschaft, Religion, Massenmedien etc.) aufweisen. Man kann also sagen, dass hier wieder eine allgemeinere Ebene der Theorie in Anschlag gebracht wird. Dies geht oft mit einer größeren Distanz zum konkreten Gegenstand einher, da die Theorie viele Phänomene (und eben nicht nur Politik) im Blick behalten muss. Zugleich ist Luhmanns Theorie weitgehend von dem Bemühen um empirische Anwendbarkeit abgekoppelt. Er entwickelt eher ein heuristisches Begriffsschema, mit dem soziale Systeme (und damit auch die Politik) beobachtet werden können.

Vorteile dieser Theoriearchitektur liegen zum einen darin, dass die Politik in einen weiteren Kontext der *gesellschaftlichen Differenzierung* eingeordnet werden kann. Insbesondere die wechselseitige Beeinflussung von sozialen Systemen – etwa von Wirtschaft und Politik – kann so analysiert werden. Zum anderen müssen die von der Theorie entworfenen Eigenschaften sozialer Systeme nach Luhmann (wie nach Parsons) auch für die *Phänomene innerhalb des politischen Systems* gelten. Deshalb müssten Parteien, soziale Bewegungen, Verwaltungsapparate und andere Institutionen des politischen Prozesses als soziale Systeme modelliert werden – was zugleich eine genauere Betrachtung dieser

Phänomene (und ihrer Rolle im politischen Prozess) ermöglicht. Auf diese Weise erlauben die ‚soziologischen Theorien des Politischen' von Parsons und Luhmann eine differenzierte Betrachtung der Politik in einem Mehrebenenmodell. Demgegenüber haben die Theorien von Deutsch, Easton und Parsons einzig das politische System als Referenzebene. Im Gegensatz zu Parsons liefert Luhmann aber nicht nur eine weiterentwickelte Theorie sozialer Systeme. Er setzt sich auch ausführlicher als sein Lehrer Parsons mit dem politischen System auseinander, dem er eine Reihe von Aufsätzen und auch zwei Monographien widmet (1981; 2000).

Ohne die Verdienste von Deutsch, Parsons und Almond zu schmälern oder in Frage zu stellen möchte ich mich auf zwei zentrale Autoren konzentrieren: David Easton und Niklas Luhmann. Sie repräsentieren exemplarisch die verschiedenen Spannungsfelder des politischen Systembegriffs zwischen allgemeiner Systemtheorie und anwendungsbezogener Forschung, zwischen einem in den Fünfziger und Sechzigern Jahren geformten Politikverständnis und seiner inzwischen nötigen Reformulierung vor dem Hintergrund neuer Theorieentwicklungen und auch gewandelter Anforderungen an Politik. Ich werde also Easton und Luhmann als zwei Prototypen präsentieren: den anwendungsbezogenen Pionier einer Modellierung politischer Prozesse in den Fünfzigern und Sechziger auf der einen Seite – den an allgemeiner Theorie und an neuen ökologischen Problemen interessierten Weiterentwickler auf der anderen. Diese schematische Gegenüberstellung wird den beiden Protagonisten nur teilweise gerecht. Und nicht zuletzt dürfen wir die Nebendarsteller nicht vergessen: Insbesondere Talcott Parsons als einer der Gegenspieler Eastons und als Lehrer Luhmanns wird immer wieder zu Wort kommen, um die plakative Gegenüberstellung von Easton und Luhmann zu nuancieren.

1.2 Wozu ein allgemeines Modell des Politischen?

In den bisherigen Ausführungen dürfte bereits klar geworden sein, dass sich die Theorien des politischen Systems in einem mehrdimensionalen Spannungsfeld befinden: Auf der einen Seite stehen *allgemeinere soziologisch angelegte Theorien* wie die von Parsons und Luhmann. Die andere Seite wird von einer konsequenten Ausrichtung der theoretischen Konzepte an ihrer *Verwendbarkeit in empirischen Studien* eingenommen, wie man sie vor allem bei Gabriel Almond findet. Für diese Richtung prägte David Easton eine etwas widersprüchliche Bezeichnung: empirische politische Theorie (*empirical political theory*). Damit versuchte er deutlich zu machen, dass diese Variante der Theorien des Politischen eine starke empirische Ausrichtung besitzt. Insgesamt lässt sich damit ein

Kontinuum zwischen Ausrichtung an Verwendbarkeit der Konzepte in empirischen Studien (gegenstandsbezogen) und Allgemeinheit und Abstraktheit einer Theorie aufspannen, in dem die verschiedenen Theoretiker einzuordnen sind:

Abbildung 1: Gegenstandsnähe / Allgemeinheit von Theorien des politischen Systems

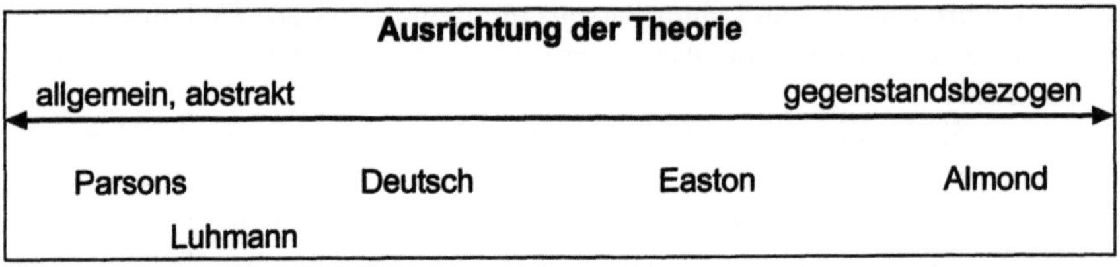

Ausrichtung der Theorie			
allgemein, abstrakt			gegenstandsbezogen
Parsons	Deutsch	Easton	Almond
Luhmann			

Ich habe Niklas Luhmann etwas weiter in Richtung der Gegenstandsbezogenheit eingetragen als Talcott Parsons, weil seine Theorie – so wie ich sie verstehe – einen etwas flexibleren Begriffsapparat bereit hält, mit dem man sich den einzelnen Phänomenen differenzierter nähern kann als mit dem Strukturfunktionalismus bei Talcott Parsons. Dass beide Ausrichtungen von Theorien gewisse Vorteile für sich verbuchen können, habe ich oben bereits angedeutet: Gegenstandsbezogene Theorien liefern oft eine genauere Beschreibung des Phänomens, während allgemeine Theorien auf der anderen Seite ein hohes Maß an Rigidität aufweisen und damit erstens den Wissenschaftler vor inkonsistenten Aussagen bewahren sollen und zweitens einen größeren Rahmen aufspannen, in dem Phänomene verortet werden können.

Allerdings sind alle diese Theorien schon sehr viel allgemeiner als die vielfältige empirische Forschung. Diese versucht oft – und damit komme ich zum Ausgangspunkt dieser Einleitung zurück – ohne ausgearbeiteten theoretischen Begriffsapparat Zustandsbeschreibungen auf der Basis von empirisch gewonnenen Daten (oder auch von einfachen Eindrücken) zu liefern und Phänomene mit ad-hoc-Erklärungen zu interpretieren. Wissenschaftliche Theorien sollen demgegenüber eine Distanz zum Gegenstand erzeugen, mit der wissenschaftliche Aussagen sich gegenüber alltagsweltlichen Sichtweisen unterscheiden. In der Wissenschaftstheorie von Karl Popper – der auch David Easton beeinflusste – ist dies genau die Aufgabe wissenschaftlicher Theorien: Hypothesen abzuleiten, die sich gerade durch ihren Theoriebezug von ad-hoc-Erklärungen unterscheiden (Popper 1934). Nach Niklas Luhmann sind Theorien und Methoden die Anleitungen des Wissenschaftssystems für die Generierung ‚wahrer' Aussagen (1990: 401ff).

So könnte man alltagsweltlich das Aufkommen der großen Protestbewegungen in den Siebzigern und Achtzigern beobachten und aus einem Wertewandel, aus der sozialdemokratischen Regierungszeit oder aus einer ‚Mode' des Protestierens ableiten. Ein Politikwissenschaftler müsste jedoch methodisch und theoretisch kontrolliert diese Aussagen prüfen. Dazu könnte er ausrechnen, ob die Teilnehmer an Demonstrationen sich durch bestimmte neue Werthaltungen auszeichnen, ob in Ländern mit sozialdemokratischen Regierungen mehr demonstriert wurde oder ob Protest damals als ‚chic' galt (soweit dies in Umfragen abgefragt wurde). Erst diese methodisch angeleitete empirische Überprüfung gibt diesen Aussagen eine gewisse Wissenschaftlichkeit. Auf der theoretischen Ebene müsste dann aber noch ein Zusammenhang zwischen Wertewandel, sozialdemokratischen Regierungen, Protestmoden und Demonstrieren plausibel gemacht werden. Ein Systemtheoretiker könnte dann die Protestbewegungen aus einer gewissen Resistenz der damaligen Parteisysteme gegenüber neuen Politikfragen (Ökologie, Weltfrieden, Feminismus) ableiten und sie damit in einen größeren theoretischen Rahmen einordnen (Offe 1985).

In empirischen politikwissenschaftlichen Arbeiten wird der Theoriebezug leider oft vernachlässigt – so wie rein theoretische Arbeiten sich oft wenig um die Anwendbarkeit ihrer Konzepte in der empirischen Forschung kümmert. Insofern ist die Aufgabe *jeder* Theorie der Politik, einen allgemeinen Bezugsrahmen zur Verortung von beobachteten Phänomenen und zur Anleitung empirischer Forschung bereit zu stellen. Allerdings unterscheiden sich die genannten Theorien – wie zu sehen war – darin, wie sie sich in Bezug auf diese Aufgabe platzieren: ob sie ihre Modelle eher direkt am beobachteten Gegenstand gewinnen oder diese aus einer allgemeinen, meist soziologischen Systemtheorie herleiten.

Eine zweite Dimension der Verortung der verschiedenen Theorien ist ganz offensichtlich die *Zeitdimension*. Denn spätere Theorien wie die von Luhmann können und müssen auf den zeitlich davor präsentierten Theorien aufbauen. Insofern spielt der Zeitfaktor eine große Rolle, und man kann an Deutsch nicht die gleichen Kriterien anlegen wie an Luhmann – einfach weil Deutsch auf einem geringeren Wissensstand aufbauen musste. Dabei kommen sowohl die Weiterentwicklungen in anderen Disziplinen als auch in der allgemeinen Systemtheorie zum Tragen. Während in der Mitte des 20. Jahrhunderts vor allem kybernetische Systemmodelle zur Verfügung standen, konnte Luhmann auf Basis des Autopoiesis-Konzepts und einer weiter entwickelten ‚Second-Order'-Kybernetik eine vielschichtigere Theorie des Politischen entwerfen. Natürlich gehört dazu auch, dass geschichtliche Entwicklungen neue Phänomene zutage bringen können, die in neueren Theorien dann Berücksichtigung finden müssen. Dies geschah etwa mit der Ökologie-Problematik und mit den Neuen Sozialen Bewegungen, die seit den Siebzigern eine wichtige Rolle im politischen Prozess westlicher Demokratien spielen. Niklas Luhmann musste – anders als seine Vorgänger – diese Phänomene in seinem politischen Systemmodell verorten.

Auf einer dritten Dimension lassen sich alle genannten Theorien von vielen anderen politischen Theorien unterscheiden: Sie sind allesamt eher *positivistisch* und *nicht normativ* orientiert. Auch wenn Talcott Parsons, David Easton und Niklas Luhmann mit Blick auf diese Frage unterschiedliche Positionen einnehmen – gegenüber den normativ orientierten politischen Theorien von John Rawls oder Jürgen Habermas etwa sind sie nicht primär an dem Ziel einer wertenden Theorie orientiert. Sie alle versuchen nicht, ein Modell für den ‚richtigen' Aufbau politischer Institutionen zu entwickeln. Vielmehr wollen sie in erster Linie die Zusammenhänge und den Aufbau der Politik nachvollziehen. Damit sind ihre politischen Systemmodelle gewissermaßen *‚unpolitische' Theorien der Politik*. Grundlage war somit das Ideal einer wertfreien Wissenschaft, die nicht bewerten, sondern verstehen und erklären wollte (im Sinne Max Webers). Dass damit implizit oft Wertungen vorgenommen wurden und insbesondere der Status Quo der westlichen Demokratie sehr viel weniger problematisiert wurde, als marxistische Theoretiker dies für richtig hielten, ist eine Folge dieses Grundsatzes.

Man muss jedoch feststellen, dass normativ orientierte Theoretiker zumeist keinen ähnlich allgemeinen Bezugsrahmen entwickelten und sich oft mit Begründungsargumenten für ihre jeweiligen normativen Bezugsrahmen begnügten – möglicherweise sogar begnügen mussten. Auch stehen normative Theorien wie die von John Rawls oder Jürgen Habermas beim Anwendungsbezug in der empirischen Forschung den Systemmodellen vor allem von Almond und Easton deutlich nach. Der Sinn normativer politischer Theorien soll mit diesen Ausführungen nicht in Frage gestellt werden – sie haben innerhalb der Gesellschaft einfach einen anderen Platz und stehen mehr für das Nachdenken über die *richtige* Ordnung der Politik als für eine theoretische Anleitung politikwissenschaftlicher Arbeiten. Damit erklärt sich auch zumindest teilweise, warum Rawls und Habermas mit ihren politischen Philosophien stärker in der *Öffentlichkeit* bekannt sind als Easton und Luhmann, die ihre Aufgabe primär innerhalb der *Wissenschaft* sahen.

Der Aufbau des Buches sieht folgendermaßen aus: Nach dieser Einleitung wird zunächst Eastons Theorie, dann die von Luhmann ausführlicher vorgestellt. Dabei wird zunächst jeweils ein kurzer biographischer Überblick gegeben (2.1. bzw. 3.1.). Anschließend wird jeweils kurz der zeitgeschichtliche Hintergrund der sozialwissenschaftlichen Forschung skizziert, soweit er für das Verständnis des jeweiligen Autors wichtig ist (2.2. bzw. 3.2.). Es folgt eine etwas ausführlichere Werkbiographie, bei Luhmann mit dem besonderen Fokus auf die politikwissenschaftliche Relevanz der Arbeiten (2.3. bzw. 3.3.). In einer Reihe von Abschnitten wird anschließend die jeweilige Theorie des politischen Systems präsentiert (2.4. bis 2.9. bzw. 3.4. bis 3.7.). Nach einer kurzen Zusammenfassung (2.10. bzw. 3.8.) folgt jeweils ein Abschnitt über Kritik an den Arbeiten von

1.2 Wozu ein allgemeines Modell des Politischen?

Easton bzw. Luhmann (2.11. bzw. 3.9.). Das Abschlusskapitel besteht in einer kurzen Zusammenschau der Theorien des politischen Systems von Easton und Luhmann (4.). Dabei wird auch versucht, die skizzierten Kontroversen noch einmal in den Kontext einer sehr heterogenen Politikwissenschaft einzuordnen, in der auch unterschiedliche Ansprüche an Theoriebildung miteinander ringen.

2 David Easton

2.1 Biographie

Die Biographie von David Easton sieht – im Gegensatz zu der vieler anderer Sozialwissenschaftler in der damaligen Zeit – eher unspektakulär aus: 1917 in Toronto geboren, blieb er dort bis zu seinem Masterabschluss 1943. Anschließend besuchte er die Harvard University, wo er 1947 promovierte. Noch im selben Jahr übernahm er eine Stelle als Assistant Professor an der Universität Chicago, wo er bis 1982 lehrte (ab 1955 als Professor). Dann ging er an die University of California in Irvine, wo er noch heute lehrt. Während dieser sehr geordneten akademischen Laufbahn erhielt Easton eine Reihe von Ehrungen. So war er etwa 1969 Präsident der American Political Science Association, die 1996 zu seinen Ehren auch einen David-Easton-Award für Politische Theorie einrichtete. Der Schlüssel zur bahnbrechenden Bedeutung seiner Arbeiten ist mithin weniger in diesem knappen biographischen Abriss zu suchen als im intellektuellen Kontext der Zeit unmittelbar nach dem Zweiten Weltkrieg in den Sozialwissenschaften und insbesondere in der Politikwissenschaft in den USA (2.2.) und in der zeitlichen Entwicklung von Eastons Arbeiten (2.3.).

2.2 Amerikanische Politikwissenschaft in der Mitte des 20. Jahrhunderts

David Easton betrat die Bühne der Politikwissenschaft in einer sehr dynamischen Phase, deren weitere Entwicklung er dann wesentlich mitprägen sollte. Zu Beginn des 20. Jahrhunderts hatte sich die Politikwissenschaft in den USA sehr stark mit konkreten politischen Institutionen beschäftigt. In den Dreißigern entstand dann an der Universität von Chicago eine neue Richtung der Politikwissenschaft, die nicht mehr primär an Institutionen orientiert war (Almond 1996: 65ff). Stattdessen wurden mit neuen quantitativen Methoden der empirischen Sozialforschung das Verhalten und die Einstellungen der Bürger in den Mittelpunkt gestellt. Höhepunkte dieser Entwicklung waren unter anderem die großen Wahlstudien, die unter Paul Lazarsfeld an der Columbia University und unter Angus Campbell an der University of Michigan in Ann Arbor durchgeführt wurden (Lazarsfeld et al. 1944; Campbell et al. 1960). David Easton hat in seinem frühen Artikel *The Decline of Modern Political Theory* viele der Arbeiten dieser Richtung des ‚kruden Empirizismus' geziehen (1951: 53f; obwohl sich diese

2.2 Amerikanische Politikwissenschaft in der Mitte des 20. Jahrhunderts

Kritik gerade nicht auf die gerade genannten Arbeite bezieht). Fakten würden auf Fakten gestapelt, bis aller Sinn verloren sei. Was nach Easton einher gehen müsse mit diesen methodischen Entwicklungen, ist eine allgemeine Theorie der Politik als Orientierungsrahmen für die empirische Forschung.

Die politische Theorie in der ersten Hälfte des 20. Jahrhunderts war jedoch – wie Easton in dem genannten Artikel beklagte – vor allem ideengeschichtlich ausgerichtet. Allerdings deutete sich in den Dreißigern und Vierzigern eine Neuausrichtung an. Vor allem Harold Lasswell und Herbert Simon liefern erste Ansätze einer systematischen nicht-normativen Theorie des Politischen. Sie sind aber nur Vorläufer der großen Bewegung, die in den Fünfzigern und Sechzigern mit Karl Deutsch, David Easton, Gabriel Almond und Talcott Parsons das ‚politische System' zum zentralen Konzept der Politikwissenschaft macht. Anstöße für diese Bewegung kommen aus interdisziplinären Entwicklungen in der allgemeinen Systemtheorie, die sich etwa aus der Erforschung von Informations- und Steuerungsprozessen in Maschinen (Kybernetik) und aus der biologischen Theorie lebender Systeme speisten. Wichtige Autoren dieser interdisziplinären Bewegung waren Norbert Wiener, Ludwig von Bertalanffy und Ross Ashby (Müller 1996). David Easton schloss sich in Chicago Anfang der Fünfziger schnell einer Gruppe von Wissenschaftlern aus verschiedenen Disziplinen an, die unter der Leitung des Psychologen James Miller als *Committee on Behavioral Sciences* diese Entwicklungen diskutierten und fruchtbar machen wollten (Easton 1965: xvif; 1991: 204).

Während Easton (wie auch Deutsch und Almond) eine Theorie des politischen Systems entwarfen, gingen die Entwicklungen in der Soziologie sehr viel weiter. Hier lieferte die allgemeine Systemtheorie die Grundbausteine für eine Richtung, die mit dem Begriff ‚*Strukturfunktionalismus*' verknüpft und vor allem von Talcott Parsons geprägt war. Dem Strukturfunktionalismus zufolge musste man jedes soziale Phänomen über seine Funktion für eine übergeordnete Struktur (und letztlich für die Gesellschaft als Ganze) erklären. Parsons selbst ging davon aus, dass jedes System für seinen Erhalt vier fundamentale Funktionen erfüllen musste: Zum einen die Anpassung an Umweltbedingungen (*adaptation*), zweitens die Handlungsfähigkeit als Ganzes (Ziel-Erreichung, *goal-attainment*), drittens den Erhalt seiner Strukturen (*latent pattern-maintenance*) und schließlich den Zusammenhalt der Strukturen, die für diese verschiedenen Aufgaben zuständig sind (*integration*; Parsons / Bales 1953: 88ff; Parsons 1961: 38ff). Mit dem sich daraus ergebenden AGIL-Schema (für die vier Anfangsbuchstaben der Grundfunktionen) glaubte Parsons die soziale Welt, sogar die gesamte *conditio humana*, einfangen zu können (1978).

Der so begründete Strukturfunktionalismus dominierte eine Zeit lang (bis etwa zur Mitte der Sechziger) die Sozialwissenschaften und war selbst als interdisziplinäres Projekt angelegt. Das politische System war in diesem Ansatz für die Erfüllung der Funktion ‚Ziel-Erreichung' und damit für die kollektive Handlungsfähigkeit von Gesellschaften zuständig. David Easton selbst kam in seiner Zeit in Harvard in Kontakt mit Parsons und war vor allem von dessen Projekt einer allgemeinen Theorie des Sozialen fasziniert (Easton 1991: 198). Andererseits setzt sich Easton inhaltlich immer wieder von Parsons ab (Easton 1976). Grundlegende Unterschiede erklären sich wohl dadurch, dass Easton zum einen seine Theorie nahezu ausschließlich mit Blick auf das politische System entwarf. Zum anderen hatte er stärker als Parsons den empirischen Bezug seiner Theorie im Blick. Dennoch ist Parsons wichtig für das Verständnis des intellektuellen Hintergrundes, vor dem David Easton (und später Niklas Luhmann) seine Theorie entwarf – und nicht zuletzt für die Wirkungsgeschichte der politischen Systemtheorie.

David Easton fasst beide Entwicklungen – in den Methoden der empirischen Politikforschung und in der politikwissenschaftlichen Theorie – unter dem Stichwort ‚Behavioralismus' zusammen (1965: 6ff). Folgende Grundannahmen sah er als charakteristisch für den Behavioralismus: Erstens zeige das politische Verhalten Regelmäßigkeiten, die vom Forscher entdeckt und empirisch überprüft werden könnten. An zweiter Stelle nennt Easton ein grundsätzliches Interesse an Methoden für die empirische Analyse, die genau auf ihre Brauchbarkeit hin überprüft werden sollten. Die empirische Analyse solle dabei wenn möglich (und sinnvoll im Kontext der jeweiligen Forschungsfrage) quantitativ erfolgen. Drittens solle die Forschung grundsätzlich in enger systematischer Verzahnung von Empirie und theoretischer Interpretation erfolgen. Viertens sei die wissenschaftliche Arbeit von normativen Wertungen und von der Anwendung ihrer Erkenntnisse zu trennen. Zum einen dürfe der Forscher nicht seine Wertungen und seine Erkenntnisse miteinander verwechseln. Beide sind nach Easton wichtig, aber grundsätzlich unterschiedliche Aussagetypen. Andererseits müsse das Verständnis und die Erklärung politischen Verhaltens der politisch-praktischen Anwendung dieses Wissens logisch und zeitlich vorausgehen. Fünftens müsse schließlich politikwissenschaftliche Forschung immer im Kontext der Erkenntnisse anderer Sozialwissenschaften (wie der Soziologie, der Psychologie oder der Wirtschaftswissenschaft) stehen.

Insgesamt steht der Behavioralismus damit für einen positivistischen Zugang zu Politik. Wissenschaft solle wertneutral erfolgen, ihre Erkenntnisse sollten zunächst unabhängig von praktischer Anwendung entstehen und in enger Verzahnung von Theorie und Empirie. Und schließlich wird – gerade in der empirischen Forschung – immer mehr das Individuum mit seinen Einstellungen und seinem Verhalten zum Mittelpunkt der Politikwissenschaft.

Tatsächlich charakterisiert Easton hier nicht nur ein Wunschdenken, sondern eine beobachtbare Neuorientierung in der Politikforschung. Gerade die großen Wahlstudien und die aufkommende Meinungsforschung stehen für diese neue Richtung der amerikanischen Politikwissenschaft in der Nachkriegszeit. Aber auch die politikwissenschaftlichen Theorien konzentrieren sich in den Fünfzigern und zu Beginn der Sechziger auf die Entwicklung allgemeiner Bezugsrahmen für empirische Daten und auf empirisch überprüfbare Hypothesen. In einem Interview von 1988 führt Easton diese Tendenzen auch auf das intellektuelle Klima der McCarthy-Ära zurück: Viele vornehmlich links bzw. progressiv eingestellte Sozialwissenschaftler fürchteten (oft aufgrund ihres politischen Engagements in der Vergangenheit) politischen Druck und zogen sich damals in die ‚reine Wissenschaft' zurück. Insofern mag der Behavioralismus oft auch das Ergebnis praktisch-persönlicher Überlegungen gewesen sein (Easton 1991: 209f).

Eine weitere wichtige Entwicklung der Nachkriegszeit ist die Entwicklung der vergleichenden Analyse von politischen Systemen. Im Ländervergleich versuchte man Anhaltspunkte dafür zu finden, warum bestimmte Demokratien (etwa Großbritannien und die USA) stabil sind, während andere (vor allem Deutschland und Italien) zu Beginn des 20. Jahrhunderts in Diktaturen umkippen konnten (Almond/Verba 1963). Darüber hinaus interessierte man sich für die Rahmenbedingungen von Politik in den Entwicklungsländern (vor allem in Afrika), die frisch aus der kolonialen Abhängigkeit entlassen worden waren (Almond/Coleman 1960). Diese Ländervergleiche nutzten beide oben genannten Entwicklungen – die Entwicklung von standardisierten Massenumfragen und die sich herausbildende Theorie des politischen Systems. Die politische Theorie war sich der daraus ergebenden Anforderungen an ihre Modelle bewusst und versuchte analytische Instrumente gerade für den Vergleich zu konzipieren. Dies findet sich in der Theorie Eastons, vor allem aber auch bei Gabriel Almond, einem der Gründungsväter der Komparatistik.

Ende der Sechziger änderte sich mit der aufkommenden Studentenbewegung, aber auch aufgrund innerer Entwicklungen, die Ausrichtung der Politikwissenschaft wieder. In den Mittelpunkt wurden nun sehr viel stärker normative Fragen und ein Interesse an kollektiven Akteuren wie etwa sozialen Bewegungen gestellt. Zugleich kamen Themen wie die Friedensforschung oder die Folgen konkreter politischer Maßnahmen (*policies*) auf die Agenda der Politikwissenschaft. Insgesamt verringerte sich damit das Interesse an allgemeinen nichtwertenden Orientierungsrahmen. Die Theorie des politischen Systems mit David Easton als Hauptvertreter wurde schnell als einer der Hauptgegner der neuen Entwicklungen identifiziert (Strong 1998). Das Denken in Systemmodellen sei zu stark bestandsorientiert und behandle schlechthin jede politische Ordnung als wünschenswert – während die Studentenbewegung und die erstarkte kritisch-emanzipatorische Politikforschung doch gerade die Defekte der bestehenden politischen Strukturen monierten. Doch die Folgen dieser Entwicklung gehören nicht mehr zum intellektuellen Hintergrund der Arbeiten Eastons sondern sollen zu einem späteren Zeitpunkt im Kontext der Kritik an Easton diskutiert werden (2.11.).

2.3 Werkbiographie

Diese Entwicklung des intellektuellen Klimas spiegelt sich auch in den Werken David Eastons wider. Sein erster wichtiger Aufsatz (und zweiter überhaupt) erschien 1951 unter dem Titel *The Decline of Modern Political Theory*. Darin beklagt Easton – wie bereits angedeutet – eine theoretische ‚Verarmung' seiner Disziplin. Politische Theorie hätte vor allem zwei Aufgaben: zum einen eine Systematisierung des empirischen Wissens über politische Phänomene und zum anderen die Exploration eines Wertesystems, das als normativer Bezugsrahmen für praktisches Handeln dienen könnte (Easton 1951: 37ff, 44). Die politischen Theoretiker der Vergangenheit – Easton zieht etwa John Locke als Positivbeispiel heran – hätten es vermocht, beide Aufgaben miteinander zu verknüpfen. Denn schließlich braucht, wer Aussagen über politische Ziele treffen möchte, auch ein systematisch-analytisches Wissen darüber, wie solche Ziele erreichbar sind. Die politische Theorie seiner Zeit – so die Kritik von Easton – konzentriere sich hingegen auf die Ideengeschichte. Und mit diesem Fokus auf politisches Denken und seine Umstände in der Vergangenheit entledige sie sich der Aufgabe, normative und analytische Anleitung in der Gegenwart zu liefern. Die andere Seite dieser Entwicklung ist nach Easton die weitgehende Theorieferne der damaligen empirischen Arbeiten, die er als ‚kruden Empirizismus' bezeichnet (1951: 53f).

David Easton schrieb diesen Aufsatz aus einer gewissen ‚Enttäuschung' heraus (Easton 1991: 202f). Er war 1943 in der Hoffnung nach Harvard gekommen, die politischen Prozesse zu verstehen. Nicht zuletzt war damit auch ein eigenes politisches Engagement verbunden – der Wunsch, die Welt ein bisschen zu verbessern. Mit diesen Vorstellungen hatte er sich der politischen Theorie als Spezialgebiet zugewandt – dort aber die Antworten auf seine Fragen nicht gefunden. Gerade das sehr praktische Denken der Klassiker der politischen Theorie (Locke und andere) fehlte ihm bei seinen Professoren in Harvard. Rückblickend kommt David Easton zu dem Schluss: „Out of this began my long quest for a more solid theoretical grounding for empirical political science." (1991: 203)

2.3 Werkbiographie

Eine erste Bilanz dieser ‚langen Suche nach einer theoretischen Grundlage' erschien zwei Jahre später. Eastons Buch *The Political System* (1953) war hingegen weniger eine Antwort auf die ihm wichtigen Fragen. Vielmehr setzte er sich mit den verschiedenen damals diskutierten Zentralkonzepten der politischen Theorie auseinander: Macht, Staat, Gleichgewicht. Und im Ergebnis verwarf er fast all diese Konzepte aus unterschiedlichen Gründen. So könnte der Staatsbegriff den Gegenstand der Politikwissenschaft nicht hinreichend fassen, weil damit Politik vor der Ausbildung der modernen Staatsorganisation im 17. Jahrhundert aus dem Blickfeld verschwände (Easton 1953: 106ff). Auch der Machtbegriff reiche nicht aus, weil es in Politik oft auch um anderes als Machtfragen geht (Easton 1953: 115ff).

Erst sehr grob skizzierte Easton seinen Ausweg aus der Malaise der politischen Theorie: Der Zentralbegriff einer empirisch orientierten Theorie des Politischen sollte das ‚politische System' sein, definiert als die Gesamtheit der Aktivitäten, die auf die autoritative Allokation von Werten in einer Gesellschaft zielen (Easton 1953: 96ff; dies wird unten ausführlicher diskutiert). Dazu forderte Easton eine starke Orientierung theoretischer Konzepte an der Verwendbarkeit in empirischen Studien. Ins Zentrum der Analyse der Sozialstruktur als Hintergrund politischer Prozesse rückte er den Gruppenbegriff – wie zuvor schon etwa Paul Lazarsfeld, Bernard Berelson und Hazel Gaudet in ihrer Wahlstudie *The People's Choice* (1944). All dies lieferte aber erst Ansätze, noch kein kohärentes Modell des Politischen. Insgesamt skizzierte *The Political System* eher ein theoretisches Arbeitsprogramm als eine fertige Theorie. Es zeigte aber deutlich an, in welche Richtung die theoretische Arbeit nach Eastons Ansicht gehen sollte: Das Ziel war ein Gesamtmodell des Politischen, das insbesondere als theoretischer Rahmen für empirische Studien gelten sollte.

Einen deutlichen Schritt weiter ging der 1957 erschienene Artikel *An Approach to the Analysis of Political Systems*. Hier finden sich bereits die wichtigsten Komponenten seines späteren Systemmodells – wenn sich auch einige begriffliche Details noch ändern sollten. Easton hatte diesen Artikel erst der renommierten *American Political Science Review* angeboten, wo er prompt als ‚wenig durchdacht' abgelehnt wurde (Easton 1991: 208). Die Zeitschrift *World Politics* hingegen veröffentlichte den Artikel umgehend und händigte Easton sogar ein Honorar dafür aus. Verantwortlich dafür war Gabriel Almond, der als einer der Herausgeber der *World Politics* sofort die Relevanz der in dem Artikel vorgestellten Konzepte erkannte (Almond 1997: 223ff). Almond übernahm bereits in den konzeptionellen Teil der international vergleichenden Studie *The Politics of Developing Areas* viele der Eastonschen Konzepte und trug damit wesentlich zum Siegeszug von Eastons Modell des politischen Systems bei (Almond 1960).

Relativ wenig beachtet wurde ein Artikel unter dem Titel *Political Anthropology*, der 1959 in der ersten Ausgabe der *Biennial Review of Anthropology* erschien. In einer Mischung aus Sammelbesprechung und eigenem Theoriebeitrag untersucht Easton zunächst eine Reihe anthropologischer Arbeiten (u.a. von Alfred Radcliffe-Brown und Edward Evans-Pritchard) auf ihre Aussagen zu politischen Strukturen in Stammesgesellschaften. Seine wichtigste Kritik lautet dabei, dass diese keinen brauchbaren Begriff des Politischen entwickeln. Dem setzt er dann seine eigene Definition entgegen, mit der er insbesondere den Grad der Herausbildung (Differenzierung) eines politischen Systems für erfassbar hält (1959: 226ff).

1965 erschienen dann die Bücher *A Framework for Political Analysis* und *A Systems Analysis of Political Life*. Die beiden Bücher bilden zusammen den Kern des Eastonschen Werkes und die umfangreichste Darstellung seines Modells des politischen Systems. Das wesentlich kürzere *A Framework for Political Analysis* ist gewissermaßen eine Einleitung, in der das Systemmodell in groben Zügen vorgestellt wird (Easton 1965). Zudem finden sich hier wichtige systematische und methodologische Einordnungen. So begründet Easton hier seinen systemtheoretischen Zugang und verortet ihn im Zusammenhang der ‚behavioralistischen Bewegung'. Wesentlich ausführlicher konzentriert sich Easton in dem 500 Seiten starken *A Systems Analysis of Political Life* auf die detaillierte Ausformulierung der politischen Prozesse und des damit verknüpften Begriffsapparats (1965a).[1] Hier werden vor allem Demands und Support als Inputs des politischen Systems und die Rückwirkungen politischer Entscheidungen (Outputs) auf den Support diskutiert.

1969 wurden zwei sehr unterschiedliche Schriften von Easton veröffentlicht. Er publizierte zusammen mit Jack Dennis *Children in the Political System* – eine quantitative Studie über politische Sozialisation. Der theoretische Gehalt dieser Arbeit ist eher gering und muss deswegen in diesem Zusammenhang nicht weiter besprochen werden. Außerdem war Easton von 1968/69 Präsident der *American Political Science Association*. Seine Präsidentschaftsansprache mit dem Titel *The New Revolution in Political Science* erschien ebenfalls 1969 in *The American Political Science Review* und wurde von Kritikern und Anhängern Eastons sehr unterschiedlich aufgenommen. Kurz gesagt versuchte er in dieser Rede die Grundrichtung des von ihm mitbegründeten Behavioralismus gegen die

---

[1] Beide Bücher sind das Ergebnis einer zehnjährigen Arbeit am Modell des politischen Systems und wurden von Easton zunächst als ein Manuskript geschrieben. Die Idee der Aufsplittung des Manuskripts in zwei separate Publikationen stammt von Eastons Frau Sylvia (Easton 1991: 206). Sie sah darin eine bequeme Lösung sowohl für ein immer länger werdendes Manuskript als auch für mehrere Verlage, die Easton um eine Monographie zum Veröffentlichen baten. *A Framework for Political Analysis* war zunächst als der erste Teil des Manuskripts entstanden.

zunehmende Kritik aus den Reihen der kritisch-emanzipatorischen Politikwissenschaft zu verteidigen. Auf der anderen Seite konzedierte er, dass tatsächlich angesichts der drängenden politischen und sozialen Probleme der damaligen Zeit eine Umorientierung von der ‚reinen Wissenschaft' zu normativer Theorie und zu praktischer Anwendungsforschung nötig sei. Diese Präsidentschaftsansprache und die Reaktionen darauf werden im Zusammenhang mit der Kritik an Easton im Abschnitt 2.11. noch einmal detaillierter besprochen.

In den folgenden Jahren bis heute publizierte Easton vor allem einige verstreute Artikel, in denen er sich mit seinen Kritikern auseinander setzte, seine Konzepte noch einmal angesichts neuer Entwicklungen diskutierte oder eine Gesamtsicht auf die Entwicklungen in der Politikwissenschaft unternahm (1973; 1975; 1976; 1997). Daneben erschien als Ergänzung seiner drei wichtigen Buchpublikationen (Easton 1953; 1965; 1965a) deutlich später noch *The Analysis of Political Structure* (1990). Während er in den beiden Büchern von 1965 vor allem den politischen Prozess im Blick hatte, versucht Easton hier eine theoretische Fassung politischer Strukturen. Die Notwendigkeit eines solchen Buches hatte Easton schon im Vorwort zu *A Framework for Political Analysis* angedeutet. Andererseits stellte sich dieses Unterfangen aber doch für ihn als schwieriger als erwartet heraus und die Fertigstellung sollte bis 1990 dauern (Easton 1990: x). Durch den langen Abstand zwischen den ersten drei Büchern und durch die zwischenzeitlichen Entwicklungen im Fach wird dieses vierte theoretische Statement Eastons sehr viel weniger beachtet als die ersten drei. Ich werde Eastons nachgeschobene Modellierung politischer Strukturen in einem eigenen Abschnitt kurz vorstellen (2.9.). Insgesamt ist dieser Beitrag zur Theorie politischer Systeme in der 1990 vorgelegten Form aber sowohl in seiner Wirkungsgeschichte als auch in seinem systematischen Gehalt als weniger wichtig einzuschätzen als vor allem die beiden Bücher von 1965. Um das dort vorgestellte Modell des politischen Systems soll es in den folgenden Abschnitten vordringlich gehen.

2.4 Politisches System: Definition

Der Ausgangspunkt von Eastons Theorie ist – sowohl in der biographischen als auch in der systematischen Entwicklung – seine Definition des politischen Systems. Das politische System besteht ihm zufolge aus den *Interaktionen innerhalb einer Gesellschaft, die mit der autoritativen Allokation von Werten* (authoritative allocation of values) beschäftigt sind (Easton 1953: 129ff). In dieser Definition stecken einige Grundannahmen, die an dieser Stelle weiter ausgeführt werden müssen:

(a) Soziale Prozesse allgemein, so Easton, haben immer etwas mit der Allokation von Werten zu tun. Werte versteht er dabei in einem sehr weiten Sinn: Nicht nur materielle Güter, auch Macht, Bildung und Prestige nennt er als Beispiele für Werte.[2] Entscheidend für die Behandlung als Wert ist, dass sie von Personen für wertvoll gehalten werden, wozu unter anderem gehört, dass sie nicht unbegrenzt verfügbar, also knapp sind (Easton 1957: 387; 1965: 50, 80). In sozialen Prozessen werden diese Werte über verschiedene Mechanismen Personen zugeordnet, die jedoch nicht alle politisch sind. So regiert in der Wirtschaft der Marktmechanismus, der Werte dezentral und gerade nicht autoritativ verteilt. Politik steht demgegenüber für eine zentrale, autoritative Allokation dieser Werte. Alle Prozesse und Strukturen, die an dieser autoritativen Allokation von Werten in der Gesellschaft beteiligt sind, fasst Easton in dem Konzept des politischen Systems zusammen.

Dieser Ausgangspunkt der Eastonschen Theorie steht für eine stark distributive Sicht des Politischen. Der Staat wird in erster Linie als Mittler zwischen Interessen gesehen. Oft wird Easton als der Vater der heute gängigen Definition von Politik gesehen (Fuchs 2002: 349f). Hier steht Politik für die *Formulierung und Durchsetzung kollektiv bindender Entscheidungen*. In dieser Definition müssen nicht mit jeder Entscheidung Werte Personen zugeteilt und anderen verweigert werden. Auch etwa die interessensneutrale Regelung ‚Rechts-vor-Links' im Straßenverkehr kann als kollektiv bindende Entscheidung gesehen werden – allerdings weniger als eine Allokation von Werten. Bei Easton findet sich auch diese zweite Definition, die er zum Teil synonym zu seiner ursprünglichen Definition verwendet (1965a: 384ff). Die Unterschiede dieser beiden Formulierungen können hier jedoch nicht weiter diskutiert werden.

(b) Zweitens impliziert Eastons Definition einen *Funktionsbezug* des politischen Systems, auch wenn er selbst den Funktionsbegriff nicht benutzt. Easton definiert das politische System eben darüber, dass es auf die autoritative Allokation von Werten zielt. Allerdings unterscheidet sich dieser Funktionsbezug deutlich von demjenigen im damals vorherrschenden Strukturfunktionalismus. So hatte Talcott Parsons das politische System darüber definiert, dass es für die Gesellschaft die Funktion der kollektiven Zielerreichung übernimmt. Damit war ein objektiver Bezugspunkt gegeben – denn jede Struktur musste nach Parsons intern Kapazitäten zur Erfüllung dieser Funktion bereithalten. Für Easton hingegen war die autoritative Allokation von Werten kein von außen vorgebener Bezugspunkt politischer Prozesse. Sondern in dem Begriff des ‚politischen Systems'

---

[2] Mit „Werten" (*values*) sind hier offensichtlich nicht Wertorientierungen gemeint, die heute meist unter diesem Begriff in den Sozialwissenschaften gefasst werden (van Deth / Scarbrough 1994). Werte stehen in Eastons Definition eher für materielle und ideelle ‚Güter'.

2.4 Politisches System: Definition

fasst Easton einfach analytisch alle sozialen Prozesse zusammen, die auf die autoritative Allokation von Werten zielen. Diese Prozesse sind dann auch nicht selbstläufig, sondern basieren darauf, dass politische Akteure Forderungen nach autoritativer Allokation von Werten an das politische System heran tragen (Easton 1957: 384f; 1965: 132f). Insofern ist die Funktion des politischen Systems keine quasi-objektive Kategorie des Sozialwissenschaftlers, sondern sie ist ein im System formulierter Orientierungspunkt von Handlungen. Easton liefert damit nicht eigentlich eine funktionalistische Erklärung des politischen Systems, da es ihm nicht um objektive Bestandserfordernisse der Gesellschaft geht. Auch eine Erklärung über ‚latente' (für die Beteiligten nicht sichtbare) Funktionen im Sinne Robert K. Mertons (1949) schließt Easton aus. Stattdessen ähnelt seine Fassung des politischen Systems bereits Niklas Luhmanns Definition der Funktion als manifestem Orientierungspunkt von Systemprozessen (1997: 748f; s.u., 3.4.). Funktionen sind sowohl bei Easton als auch bei Luhmann keine objektiv zu erfüllenden Aufgaben, sondern selbstgesetzte Ziele von Systemen. Und nur über die manifeste Orientierung von Akteuren bzw. von Kommunikation am Ziel des kollektiv bindenden Entscheidens entsteht so etwas wie ein politisches System: eine empirische Ordnung politischer Prozesse.

(c) Damit ist zugleich ein weiterer Aspekt der Eastonschen Definition des politischen Systems angesprochen: die Frage, ob dieses eine rein *analytische Kategorie* der Wissenschaft ist oder ein *empirisch beobachtbarer Zusammenhang* von sozialen Phänomenen. Eastons Position hierzu ist zweischneidig: Zunächst definiert er ein System rein analytisch als jede Menge an Interaktionen, die von einem Forscher zur Beobachtung zusammengefasst wird (Easton 1965: 27f). Insofern könnte man – wie ein Kritiker vermerkte – alle Gegenstände in einer Hosentasche als System sehen, auch wenn zwischen ihnen keine Abhängigkeit, kein empirischer Zusammenhang besteht (Astin 1972: 729f). Im Prinzip kann damit ein System aus willkürlich zusammengefassten Interaktionen bestehen.

Easton stellt jedoch fest, dass es sinnvolle und weniger sinnvolle Zusammenfassungen von Interaktionen im Systembegriff gibt. Dies kennzeichnet er mit der wenig wissenschaftlich anmutenden Unterscheidung zwischen ‚interessanten' und ‚nutzlosen' Systemkonstrukten (Easton 1965: 30ff). ‚Interessant' bzw. ‚fruchtbar' sind für Easton Systembegriffe, die theoretische Fragen erhellen. Im Falle des politischen Systems geht es darum herauszufinden: „was ist signifikant und relevant für ein Verständnis dafür, warum Akteure in politischen Situationen auf eine bestimmte Weise handeln" (Easton 1965: 33)?[3] Um also den System-

---

[3] Von Eastons Werken sind kaum deutsche Übersetzungen verfügbar. Ich habe Zitate von Easton teilweise ins Deutsche übersetzt, wo es mir für die Darstellung sinnvoll erschien. Dies gilt für alle deutschen Zitate von Easton und wird im Folgenden nicht extra ausgewiesen.

begriff für die wissenschaftliche Analyse fruchtbar zu machen, muss man Phänomene zu Systemen zusammenfassen, die auch empirisch bestimmte Zusammenhänge aufweisen. Dann (und nur dann) spricht Easton von ‚interessanten' Systemen. Und in diesem Sinne ließe sich etwa das politische System (wie oben definiert) als ein ‚natürliches' oder ‚empirisches' System bezeichnen, nicht nur als ein rein analytisches Konstrukt. Denn durch die gemeinsame Orientierung an der ‚autoritativen Allokation von Werten' weisen politische Phänomene ein hohes Maß an Interdependenz auf.

Allerdings erlaubt es der zunächst rein analytische Systembegriff David Eastons, auch die nicht-ausdifferenzierten Herrschaftsapparate der Vormoderne als politische Systeme zu fassen. Etwa im Artikel *Political Anthropology* macht sich Easton diesen Vorteil zu nutze, wenn er die politischen Systeme von Stammesgesellschaften diskutiert (1959). Politische Systeme werden hier sichtbar nicht als feststehende Einheiten. Stattdessen betont Easton, dass politische Systeme unterschiedliche Grade und Formen der Ausdifferenzierung aufweisen. In diesem Sinne spricht Easton auch von den zwischenstaatlichen Beziehungen der Gegenwart als einem ‚internationalen politischen System', in dem Staaten als Akteuren im Rahmen internationaler Organisationen (z.B. NATO, UN und SEATO) kollektiv bindende Entscheidungen fordern (1965a: 484ff). Mit der fragilen Ordnungsbildung im internationalen Bereich und den Staaten als starken Einzelakteuren ähnele das internationale politische System eher dem in Stammesgesellschaften als den komplexen innerstaatlichen politischen Systemen der Gegenwart.

(d) Ein weiteres wichtiges Element von David Eastons Definition des politischen Systems ist der Begriff der *Interaktion*. Damit ist zunächst gemeint, dass nicht Personen die Grundbestandteile des Systems bilden (Easton 1965: 35ff). Schließlich handeln Personen auch immer in nicht-politischen Kontexten. Dazu gehören etwa Interaktionen im Wirtschaftssystem oder in Familien. Dementsprechend gehören Personen nicht als ganze in das politische System – sondern lediglich deren Handlungen, die auf kollektiv bindendes Entscheiden zielen. Insofern werden Personen als Träger *politischer Rollen* im politischen System relevant – als Wähler, Parteimitglied, Bewegungsaktivist, Minister oder Verwaltungsbeamter (Easton 1965: 39ff, 56f). Das entscheidende Element des politischen Systems sind damit nicht mehr die Personen, sondern deren *politische* Interaktionen miteinander. Deswegen spricht Easton vom politischem System nicht als einem ‚Mitgliedschaftssystem' (wie etwa Stämme oder Schichten in vormodernen Gesellschaften). Stattdessen handelt es sich hier um ein ‚analytisches System', in dem bestimmte Aspekte des Handelns von konkreten Personen analytisch isoliert und von anderen Aspekten (z.B. ökonomischen, familiären) abgetrennt werden

(1965: 37ff). Der ‚politische' Aspekt des Handelns von Personen bestimmt sich nach Easton dadurch, dass es auf die autoritative Allokation von Werten zielt.

Zweitens impliziert der Begriff ‚Interaktion' bestimmte Vorstellungen über die grundsätzliche Frage des Verhältnisses zwischen Menschen und sozialen Strukturen. In vielen Systemtheorien – auch in dem von Easton angedeuteten Rollenkonzept – werden Akteure als weitgehend passiv gedacht. Akteure tun das, was in der jeweiligen Rolle von ihnen erwartet wird, bzw. das, was das jeweilige System ihnen als Verhaltensweisen vorschreibt. Dieses Menschenbild wurde von Harold Garfinkel als das eines ‚judgmental dopes' kritisiert (1967: 68). Menschen seien nicht passiv, sondern überlegen sich sehr genau, was sie tun. Auch die Akteure bei David Easton sind keine solchen ‚Beurteilungsdeppen'. So betont er, dass Menschen nicht quasi-automatisch die systemischen Prozesse ausführen (Easton 1965: 132f). Statt dessen wägen die politischen Akteure ihre Handlungen ab. Sie kontrollieren die Routinen des politischen Systems nicht nur – sie wandeln sie unter Umständen auch wohlüberlegt ab und können so die Ziele des Systems und sogar dessen Strukturen ändern. Deswegen spielen persönliche Motive und Überlegungen – der subjektive Sinn des Handelns – im politischen System durchaus eine Rolle.

Insofern geht Easton von einem Handeln des Menschen und nicht von bloß passivem und reflexhaftem Verhalten aus (im Sinne Max Webers 1921: 1ff). Das politische System fungiert demnach als Situation, die individuelles Handeln vorstrukturiert – es wird aber auch durch eben dieses individuelle Handeln erst erzeugt. So werden politische Systeme nach Easton dadurch aufrechterhalten, dass Akteure Forderungen nach kollektiv bindenden Entscheidungen erheben (1957: 384, 387). Fielen diese Forderungen weg, so bräche auch das System zusammen. In diesem Sinne spricht Easton in den Fünfzigern davon, dass politische Systeme aus ‚politischen Handlungen' (political actions) aufgebaut sind (1957: 385). Damit lehnt er sich auch an die Theorie von Talcott Parsons an, der als erster individuelle Handlungen als die Grundbausteine sozialer Systeme begriff (1951). Allerdings geht Easton in den Sechzigern dazu über, nicht mehr von ‚actions' sondern von ‚interactions' zu sprechen. Damit macht er deutlich, dass eben nicht die Handlungen von einzelnen isolierten Individuen entscheidend für den politischen Prozess sind. Erst im Zusammenspiel solcher Handlungen (Inter-Aktionen) bilden sich politische Forderungen und Entscheidungen.

2.5 Systemgrenze, Persistenz, Input-Output-Modell

David Eastons Konzeption des Politischen als ein *System* hat selbst bestimmte theoretische Konsequenzen. Dazu gehört, dass ein System immer eine Grenze zur es umgebenden Umwelt aufweist. Zweitens verweist der Systembegriff darauf, dass die damit bezeichnete Ordnung aufrechterhalten werden muss. Die Frage lautet dann: Wie wird der Fortbestand eines politischen Systems gesichert? Dies läuft nach Easton auf ein Modell des politischen Prozesses als Austausch zwischen dem System und seiner Umwelt hinaus. Diese drei Punkte (Systemgrenze, Systemerhalt, Austauschprozess) sind eng miteinander verknüpft und sollen im Folgenden kurz skizziert werden:

(a) Bei jedem Systemkonzept stellt sich die Frage der *Grenze zwischen System und Umwelt*, also auch für das politische System. Vom Ansatzpunkt her ist diese Grenze bei Easton eine analytische. Das heißt: Der Wissenschaftler kann nach beliebigen Gesichtspunkten ein Systemkonstrukt von seiner Umwelt abgrenzen. Wie ausgeführt definiert Easton das politische System als die Gesamtheit aller Interaktionen, die auf die autoritative Allokation von Werten zielen. Die Grenze zur Umwelt verläuft insofern entlang der Unterscheidung zwischen auf kollektiv bindende Entscheidungen zielenden Interaktionen einerseits und anderen Interaktionen andererseits. Zugleich geht Easton aber davon aus, dass das politische System ein ‚interessantes' System ist. Und dafür muss es reale Abhängigkeiten geben zwischen den als ‚politisch' gekennzeichneten Interaktionen und anderen, nicht-politischen. Die Grenze zwischen dem politischen System und seiner Umwelt müsste demnach nicht eine rein analytische sein, sondern auch empirisch nachweisbar.

Allerdings geht Easton davon aus, dass das politische System durch spezifische Interaktionen und nicht durch Personen bestimmt ist (s.o.). Man kann nicht eine Menge an Politikern von allen anderen Menschen abgrenzen und erhielte damit das politische System. Denn auch Unternehmer, Studenten oder Hausfrauen können politische Forderungen stellen und sich somit an politischen Interaktionen beteiligen. Ebenso interagieren auch Berufspolitiker nicht ausschließlich politisch. Auch sie haben oft eine Familie und treten im Wirtschaftssystem als Konsumenten auf. Deswegen lassen sich nach Easton nicht Personen in ‚politisch' und ‚unpolitisch' unterscheiden. Stattdessen spielen wir alle in unterschiedlichen Kontexten unterschiedliche *Rollen*. Und auf dieser Ebene gibt es politische Rollen (Wähler, Minister) und unpolitische Rollen (Ehemann, Verkäuferin, Konsument, etc.). Und zwischen diesen verschiedenen Rollen verläuft nach Easton die Grenze zwischen dem politischen System und seiner Umwelt (1965: 39ff, 56f).

Auf der Ebene der Rollen lässt sich daher der Grad der Ausdifferenzierung politischer Systeme bestimmen (Easton 1959: 240ff; 1965a: 52ff). Mit der Herausbildung von Parteien und Interessensgruppen in der Neuzeit bildet sich auch ein neuer Typus des Berufspolitikers heraus – ein Anzeichen dafür, dass sich

2.5 Systemgrenze, Persistenz, Input-Output-Modell

politische von nicht-politischen Rollen abtrennen. In feudalen Gesellschaften fiel die ökonomische Rolle des Grundbesitzers mit der politischen Rolle des Feudalherren hingegen in eins. Im Zuge der Entwicklung vom Feudalsystem im Mittelalter bis zur komplexen Gesellschaft der Gegenwart bildet sich das politische System in jenem Maße heraus (Ausdifferenzierung), in dem sich politische von nicht-politischen Rollen trennen.

Eine Ebene über der Rollendifferenzierung liegt die Unterscheidung zwischen politischen und nicht-politischen Strukturen. Parteien, Interessensgruppen, staatliche Verwaltungen etc. sind politische Strukturen, die in ihren Interaktionen auf die autoritative Allokation von Werten zielen. Im Gegensatz dazu stehen unter anderem Familien und Banken, die auch im politischen System (über ihre Funktion der Sozialisation oder über die gesellschaftliche Relevanz ihrer finanziellen Aktivitäten) eine wichtige Rolle spielen. Dennoch zählt Easton sie zur Umwelt des politischen Systems, da sie intern vor allem mit nicht-politischen Aktivitäten beschäftigt sind (1965: 60). Das ist insofern problematisch, als damit die Grenze nicht mehr zwischen politischen und nicht-politischen Interaktionen gezogen wird, sondern zwischen Strukturen wie etwa Parteien, die auf politische Interaktionen spezialisiert sind (aber auch nicht-politische Interaktionen aufweisen) und anderen Strukturen wie etwa Banken und Familien, die auf nicht-politische Interaktionen spezialisiert sind (aber auch manchmal politisch ‚aktiv' werden). David Easton hat sich in seinem Spätwerk *The Analysis of Political Structure* (1990) noch einmal systematisch mit dem Begriff der politischen Struktur beschäftigt. Dieses Thema wird später in einem eigenen Abschnitt (2.9.) aufgenommen.

(b) Eng verknüpft mit der Grenze des politischen Systems ist die Frage der Aufrechterhaltung von systemischer Ordnung. Besonders in der Biologie verweist der Systembegriff direkt darauf, dass (biologische) Systeme sich selbst am Leben halten müssen. Die Aufnahme von Nahrung, Flüssigkeit oder Sauerstoff und die beobachtbaren Verhaltensweisen zielen meist direkt auf die elementaren Bedürfnisse des Organismus bzw. auf den Fortbestand der Spezies. Analog dazu ist in soziologischen Systemtheorien oft der Fortbestand des Systems der primäre Bezugspunkt. So müssen nach Talcott Parsons Systeme die vier Grundfunktionen des AGIL-Schemas erfüllen, um sich selbst auch angesichts von unberechenbaren Umwelten zu erhalten (s.o.). Nach David Easton besteht eine der wichtigsten Aufgaben eines politischen Systems in der Bestandssicherung. Im Gegensatz zu Parsons betont er jedoch, dass Fortbestand nicht heißen muss, dass die Strukturen immer gleich bleiben. Statt Systemerhalt (*maintenance*) spricht er von der *Persistenz* von Systemen (Easton 1965: 77ff, 88). Damit ist gemeint, dass Systeme auch ihre Strukturen ändern (transformieren) können und dabei trotzdem fortbestehen. Als Beispiel dafür nennt er den Übergang vom parlamentarischen zum Präsidentialsystem in Frankreich um 1960. Angesichts schwerer politischer Krisen wurden damals elementare Strukturen des politischen System geändert, um das Treffen und Durchsetzen kollektiv bindender Entscheidungen wieder möglich zu machen.

Die Grundfrage der Eastonschen Theorie lautet demnach: Wie sichert ein politisches System seinen Fortbestand (Persistenz) unter stabilen oder sich wandelnden Umständen? (Easton 1965: xiv; 1965a: vii, 15) Dazu gehört in erster Linie, dass das politische System seine eigene Grenzlinie zur Umwelt reproduzieren muss (Easton 1965: 25). Das heißt: Politische Interaktionen und Rollen müssen sich von nichtpolitischen Interaktionen und Rollen unterscheiden. Denn eine Ordnung des Politischen kann nur dann bestehen, wenn das Politische vom Nichtpolitischen unterscheidbar bleibt. Vor dem Hintergrund der Eastonschen Definition des politischen Systems bedeutet das: Interaktionen, die auf die autoritative Allokation von Werten zielen, müssen dafür sorgen, dass auch weitere Interaktionen auf die autoritative Allokation von Werten zielen. Denn genau in dieser Orientierung an kollektiv bindenden Entscheidungen unterscheidet sich das Politische vom Nichtpolitischen in einer Gesellschaft. Und mit ihr wird auch das politische Rollengefüge als das Interaktionsmuster des politischen Prozesses reproduziert.

(c) Diese Überlegungen führen zu einer Theorie der Austauschbeziehungen zwischen dem politischen System und seiner Umwelt. Forderungen (*demands*) nach kollektiv bindenden Entscheidungen werden von anderen Systemen an das politische System herangetragen. Diese Forderungen oder ‚*Inputs*' müssen dort verarbeitet und eventuell in autoritative Allokation von Werten umgesetzt werden. Solche *Outputs* sorgen dann im Ergebnis dafür (*feedback*), dass das politische System als legitim anerkannt wird bzw. bestimmte politische Akteure (Parteien etc.) unterstützt werden (*support*) und neue Forderungen gestellt werden.

Dieser Prozess läuft analog zur oben skizzierten Energieaufnahme von Organismen: Die Inputs liefern Energie für das System und die abschließenden Handlungen müssen dafür sorgen, dass neue Energie aufgenommen wird. Auf diese Weise sichert das System seine Persistenz – wenn es auch bedeuten kann, dass dafür wie in Frankreich Strukturen des Systems geändert werden müssen. In seinen Grundzügen hat David Easton dieses Modell bereits 1957 skizziert (Abbildung 2). Genauer ausformuliert hat er es vor allem in *A Systems Analysis of Political Life* (1965a). Mit verschiedenen Erweiterungen und Änderungen liegt dieses Input-Output-Modell auch heute noch dem Großteil der politikwissenschaftlichen Analysen vor allem in der vergleichenden Forschung zugrunde.

2.6 Demands als Inputs des politischen Systems

David Eastons Ausformulierung der Austauschbeziehungen von Input zu Output bis zum Feedback wird in den folgenden Abschnitten genauer vorgestellt.

Abbildung 2: Grobmodell des politischen Prozesses nach David Easton (1957: 384)

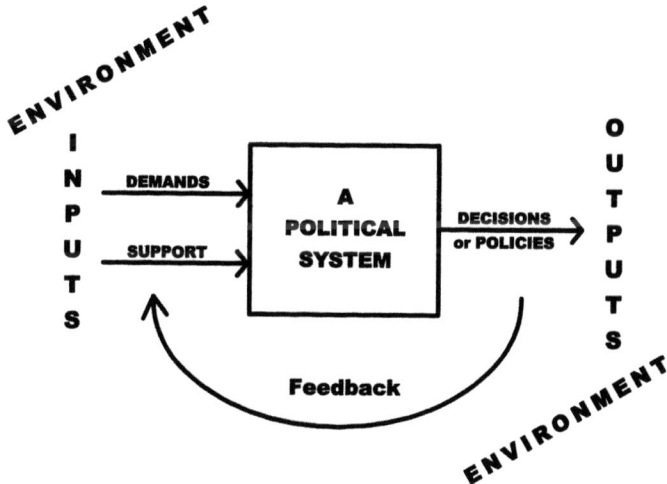

2.6 Demands als Inputs des politischen Systems

Auf der Input-Seite des politischen Systems verortet Easton sowohl politische Forderungen (*demands*) als auch politische Unterstützung (*support*). Zunächst sollen hier die Forderungen und ihre Verarbeitung im System vorgestellt werden. Politische Forderungen zielen im Sinne von David Easton auf die autoritative Allokation von Werten. Werte wie Macht, Prestige, Wohlstand, Bildung etc. werden in jeder Gesellschaft nach verschiedenen Mechanismen verteilt. Die meisten davon sind nichtpolitisch – so wird Wohlstand auf ökonomischen Märkten verteilt. Das Interesse an solchen Werten ist dementsprechend noch nicht politisch und wird von David Easton allgemein als ‚*Wants*' bezeichnet (1965a: 70ff). Erst wenn diese Wants dazu führen, dass eine zentrale autoritative Zuteilung von Werten gefordert wird, spricht Easton von politischen Forderungen (demands). Ein Verlangen nach mehr Geld ist demnach noch nicht politisch – eine Forderung nach einem staatlich vorgegebenen Mindestlohn oder nach einer Steuersenkung hingegen schon.

Politische Forderungen sind – wie bereits kurz angedeutet – notwendiges Rohmaterial für den politischen Prozess. Würden keine Forderungen nach kollektiv bindenden Entscheidungen gestellt, so gäbe es für das System nichts zu verarbeiten und es bräche mangels Energiezufluss zusammen (Easton 1957: 384; 1965a: 48). Auf der anderen Seite darf ein politisches System aber auch nicht durch zu viele politische Forderungen überfordert werden. David Easton spricht in diesem Zusammenhang von einem ‚Demand-Input Overload' (1965: 120; 1965a: 58f, 82f). Jedes System verfügt nur über begrenzte Verarbeitungskapazitäten und muss deshalb Mechanismen zur Reduktion von Inputs bereithalten. Es muss also zugleich dafür sorgen, dass ein bestimmtes Niveau an politischen Forderungen mindestens erreicht wird, dass aber andererseits auch nicht zu viele Forderungen an es herangetragen werden. Um ein Mindestmaß an Demands zu sichern, muss ein politisches System kollektiv bindende Entscheidungen treffen und Werte tatsächlich autoritativ zuteilen. Dadurch wird sichtbar, dass es möglich ist, mit politischen Forderungen tatsächlich sein Ziel zu erreichen – weitere politische Forderungen werden die Folge sein.

Grundsätzlich stellen sich bei der Verarbeitung von Demands im politischen System zwei Probleme: Zum einen können nicht zu viele Forderungen verarbeitet werden. Zum anderen kann nicht jede politische Forderung nach einer autoritativen Allokation von Werten erfüllt werden – alleine schon, weil diese sich zum Teil widersprechen und knappe Werte wie Güter oder Prestige begrenzt sind. Im ersten Fall geht es um die Konvertierung von Wants in Demands auf der Input-Seite des Systems, im zweiten um die Übersetzung von Demands in politische Entscheidungen im System selbst. In beiden Fällen steht die Reduktion der politischen Forderungen im Mittelpunkt, die zum Teil über die gleichen Mechanismen erfolgt. Diese Mechanismen sollen im Folgenden kurz vorgestellt werden:

Wie gesagt, werden nicht alle Interessen an Werten (*wants*) auch als Forderungen (*demands*) an das politische System gestellt. David Easton sieht dafür zwei Arten der Input-Regulierung des politischen Systems verantwortlich: kulturelle und strukturelle Mechanismen. Zu den *kulturellen Mechanismen* zählt, dass unterschiedliche Kulturen unterschiedliche Vorstellungen darüber aufweisen, welche Werte zum Gegenstand politischer Regelung werden sollen (Easton 1965a: 100ff). Easton führt hierzu ein Beispiel aus Nepal an, wo die Altersspanne zwischen Ehegatten staatlich auf zwanzig Jahre begrenzt werden sollte. Ein solcher Gegenstand wird wohl in den meisten anderen Gesellschaften nicht als politisch wahrgenommen – und deswegen werden auch solche Forderungen meist nicht gestellt. Nach Easton hängt die Sensitivität des politischen Systems für gesellschaftliche Fragen von bestimmten ‚zentralen Werten' ab (1965a: 106ff). Diese zentralen Werte legen die Grenzen fest, innerhalb derer sich die

2.6 Demands als Inputs des politischen Systems

politische Diskussion bewegen kann. Forderungen, die jenseits dieser Grenzen liegen, werden vom System nicht als politisch erkannt. Easton bezeichnet die Gesamtheit dieser kulturellen Normen, die die Demands an das politische System regulieren, als ‚politische Kultur' (1965a: 102) – ein Begriff, den Gabriel Almond (jedoch mit etwas anderem Fokus) einige Jahre zuvor geprägt hatte (Almond 1956).

Komplementär zu dieser kulturellen Reduzierung sieht David Easton eine *strukturelle Regulierung* von Demands (1965a: 85ff). Dieser Begriff verweist einmal mehr auf die politische Rollenstruktur: Am Anfang des politischen Prozesses erhalten die Inhaber bestimmter politischer Rollen mehr Gehör mit ihren Forderungen als andere. Parteien, organisierte Interessengruppen und Massenmedien fungieren demnach als ‚Gatekeeper', die in hohem Maße die Formulierung von Demands kontrollieren. Diese politischen Akteure sind gewissermaßen die Kanäle, über die politische Forderungen routinemäßig ins politische System gelangen. Insofern tun Bürger gut daran, ihre Forderungen zunächst an solche Interessengruppen, Parteien und Medien heran zu tragen – weil von dort formulierte Forderungen eher Aussicht auf politische Umsetzung haben. Daneben gibt es noch die Möglichkeit, seine Forderungen direkt zu erheben – etwa in Demonstrationen und sogenannten ‚grassroots movements' (Easton 1965a: 88f). Allerdings stellen diese nach Easton eher Ausnahmen im politischen Prozess dar. Zudem werden Demonstrationen und scheinbar spontaner Aufruhr oft bereits von organisierten Gruppen initiiert. Die Führungsspitzen dieser Gruppen können wieder als Gatekeeper im politischen System begriffen werden.

Diese Gatekeeper spielen jedoch nicht nur in der ‚vorpolitischen' Übersetzung von Wants in Demands eine Rolle. Auch die interne Verarbeitung von Forderungen im politischen System wird stark von Interessengruppen, Parteien und Massenmedien bestimmt. Auch hier können politische Rollenträger formulierte Forderungen verstärken oder abschwächen (*intrasytem gatekeeping*; 1965a: 133ff). Daneben identifiziert David Easton zwei weitere Mechanismen, mittels derer im politischen System Forderungen reduziert und bearbeitet werden: Erstens werden identische oder ähnliche Forderungen zusammengefasst (*collection* und *combination*; 1965a: 130ff). Zweitens werden Forderungen in sogenannte ‚Issues' thematisch verdichtet (1965a: 140ff). Dies erlaubt es dem System nicht, einzelne Forderungen zu bearbeiten, sondern diese im Kontext von ähnlichen oder konträren Demands zu verorten und somit effektiver zu prozessieren.

Diese drei Mechanismen (*intrasystem gatekeeping, collection / combination*, Verdichtung zu *issues*) können im System beliebig kombiniert werden und führen auch nur selten zu der anfangs geforderten kollektiv bindenden Entscheidung. Die meisten Demands werden im System auf die eine oder andere Weise absorbiert oder lediglich symbolisch bearbeitet. So mag das System Forderungen zwar in den politischen Diskurs aufnehmen und unter Umständen sogar Entscheidungen fällen, die den Anschein einer effektiven Behandlung des Themas haben (Easton 1965: 127). Nur in seltenen Fällen führt dies aber zu einer tatsächlichen Veränderung der zuvor bemängelten Umstände. Wenn aber das politische System gesellschaftlich als wichtig erachtete Forderungen in großem Ausmaß nicht zu erfüllen vermag, so wird dies gravierende Folgen für weitere politische Forderungen und für die Unterstützung des Systems und der einzelnen Akteure haben.

2.7 Support als Input des politischen Systems

Neben Demands fungiert nach Easton Unterstützung (*support*) für verschiedene politische Objekte als zweiter wichtiger Input des politischen Systems. Genau wie die Persistenz des politischen Systems von immer neuen Forderungen nach kollektiv bindenden Entscheidungen abhängig ist, benötigt das politische System auch Unterstützung von Seiten seiner Mitglieder – sei es in Form von Handlungen wie Steuerzahlen oder dem Befolgen von Gesetzen; sei es in Form von kognitiven Einstellungen wie Patriotismus oder Parteiidentifikation (1957: 390ff; 1965a: 159ff). Support ist damit wie Demands eine Form von Energie, die das politische System am Laufen hält. Von der Behandlung von politischer Unterstützung bei Parsons grenzt sich Easton deutlich ab (Easton 1976). Wichtigster Kritikpunkt Eastons ist, dass Parsons die Vielschichtigkeit von politischem Support nicht begrifflich fassen kann. David Easton unterscheidet verschiedene Dimensionen politischer Unterstützung nach (a) den Objekten, die unterstützt werden, und (b) der Form der Unterstützung. Beide werden im Folgenden näher ausgeführt.

(a) Zunächst bezieht sich politische Unterstützung auf verschiedene Komponenten des politischen Systems. Die wichtigsten Objekte politischer Unterstützung bezeichnet Easton als die politische Gemeinschaft (*political community*), das Regime (*regime*) und die Autoritäten (*authorities*; 1957: 391ff; 1965a: 157f; 1976: 435ff). Die *politische Gemeinschaft* steht dabei für die Gesamtheit der politischen Beziehungen zwischen den individuellen Mitgliedern des politischen Systems (1965a: 177). Wenn wir von der Unterstützung der politischen Gemeinschaft sprechen, ist damit ein Zusammengehörigkeitsgefühl der Bürger gemeint, das oft Patriotismus oder Nationalstolz genannt wird. Kollektiv bindende Entscheidungen beruhen darauf, dass sich die Mitglieder eines politischen Systems tatsächlich als Kollektiv begreifen. Das heißt: Man identifiziert sich so stark mit den anderen Mitgliedern, dass man die Herrschaft des Gemeinwesens über das

Individuum akzeptiert und für notwendig hält (Easton 1957: 392). Als Negativbeispiele einer mangelnden Unterstützung der politischen Gemeinschaft nennt Easton das Habsburger Reich vor dem Ersten Weltkrieg und die Vereinigten Staaten im Civil War (1965a: 178f).

Dabei lässt er offen, wie diese wechselseitige Identifikation – der ‚sense of political community' – zustande kommt. Möglich sei sowohl, dass ein politisches Gemeinwesen auf einem vorfindlichen Gemeinschaftsgefühl durch eine gemeinsame Sprache und Kultur aufbaut, als auch, dass dieses erst durch die Etablierung eines gemeinsamen politischen Systems entsteht. Zudem unterscheidet Easton zwischen einem allgemeinen sozialen und einem spezifisch politischen Zusammengehörigkeitsgefühl (1965a: 184ff). Der ‚sense of political community' besteht ausschließlich in der Akzeptanz der politischen Arbeitsteilung. In diesem Sinne könnte ein politisches Gemeinschaftsgefühl auch dem sozialen Gemeinschaftsgefühl vorangehen. Entscheidend in einem solchen Prozess könnte die Rolle der Eliten sein. Überraschenderweise diskutiert Easton schon 1965 die Frage der Entstehung einer europäischen politischen Gemeinschaft und verweist dabei eben auf die Rolle der Eliten, die eine wechselseitige Identifikation und ein Wir-Gefühl vorantreiben könnten (1965a: 228f).

Die zweite Komponente des politischen Systems ist nach Easton das *Regime*. Darunter versteht er die konstitutionelle Ordnung – die ‚Spielregeln' des politischen Prozesses (1957: 392; 1965a: 108). Selbst wenn die Mitglieder eines politischen Systems sich sehr stark miteinander identifizierten, müssten sie in ihren politischen Beziehungen immer noch eine gewisse Regelhaftigkeit einrichten – sonst könnten Entscheidungen nicht als kollektiv bindend akzeptiert werden (Easton 1965a: 191f). Es geht dabei um stabile Erwartungen darüber, „wer politische Macht ausüben darf, die Grenzen innerhalb derer diese genutzt werden darf, wer ihr folgen muss, und unter welchen Bedingungen diese Verpflichtungen entstehen". Gerade die Stabilität dieser Erwartungen sorgt dafür, dass sich die Mitglieder des politischen Systems seinen Spielregeln fügen. Insofern sieht Easton – wie inzwischen auch Niklas Luhmann (1969) und Jürgen Habermas (1989) – konsistente Verfahren als wichtige Quelle für Legitimität politischer Entscheidungen.

Als Bestandteile des Regimes unterscheidet Easton Werte, Normen und die Autoritätsstruktur (1965a: 193ff). Jedes Regime ist für ihn durch bestimmte zugrunde liegende Prinzipien gekennzeichnet, durch einen Konsensus darüber, welche Ziele mit politischen Entscheidungen verfolgt werden sollen. Dies kennzeichnet Easton mit dem Begriff Werte (*values*; 194ff).[4] In diesen Bereich gehö-

---

[4] Hier sind mit ‚values' tatsächlich Wertorientierungen gemeint – und nicht die materiellen und ideellen Güter, die noch in Eastons Definition des politischen Systems als ‚values' auftauchten (s.o., Fußnote 1).

ren auch Ideologien, die ein Staatswesen fundieren, wie z.B. Kommunismus oder Demokratie. Wenn es für diese Werte an Unterstützung fehlt (wie z.B. am Ende der Weimarer Republik), kann dies gravierende Auswirkungen für das politische System haben. Die eigentlichen Spielregeln ('rules of the game') des politischen Prozesses fasst Easton unter dem Begriff Normen (*norms*) zusammen (1965a: 200ff). Dazu gehören sowohl gewisse Gewohnheitsregeln (customary norms) als auch formal festgelegte Verfahren – etwa in der Verfassung.

Dieser Bereich ist eng verbunden mit der dritten Komponente des Regimes, der Autoritätsstruktur (*authority structure*; 1965a: 204ff). Hier geht es nach Easton um die Rollen von Autoritäten, also von Inhabern politischer Ämter. In diese Kategorie gehört unter anderem, welche Befugnisse ein Präsident hat, welche den Parlamentsabgeordneten zustehen, etc.. Wenn Easton von Autoritäts*rollen* spricht, sind damit nicht die konkreten Machthaber gemeint. Vielmehr sind dies „regelhafte Verhaltensmuster und Erwartungen darüber, wie sich Inhaber bestimmter gesellschaftlicher Positionen verhalten werden und wie sich Andere ihnen gegenüber verhalten sollen" (Easton 1965a: 206). Grundsätzlich trennt Easton diese Autoritätsstruktur von der ‚generellen Machtstruktur' in einer Gesellschaft. Im ersteren Fall geht es um formalisierte Ämter wie ein Abgeordnetenmandat oder eine Präsidentschaft. Diese ‚Autoritätsrollen' sind aber nicht unbedingt gleichbedeutend mit den tatsächlichen Machtpositionen im System. Diese stehen oft im Hintergrund oder – im Falle etwa von Journalisten – sogar außerhalb der formalen Autoritätsstruktur des politischen Systems (Easton 1965a: 210f).

Die Inhaber der Autoritätsrollen – die *Autoritäten* – bilden nach Easton die dritte wichtige Komponente des politischen Systems. Unter diesem Begriff fasst Easton alle Inhaber von Entscheidungspositionen im engeren staatlich-politischen Bereich zusammen, wie etwa gewählte Volksvertreter, Mitglieder der Exekutive wie Minister und Beamte, in gewisser Weise auch Parteien als Sammelbecken politischer Amtsinhaber. In dem Aufsatz *An Approach to the Analysis of Political Systems* von 1957 hatte Easton an dieser Stelle noch von Regierung (‚government') gesprochen (1957: 392f). In *A Systems Analysis of Political Life* hält Easton dann einen weiteren Begriff für notwendig, der auch gewählte Mitglieder der Opposition und Verwaltungsbeamte umfasst, die man nicht als Mitglieder der Regierung bezeichnen würde. Deswegen geht er dazu über, von ‚Autoritäten' statt von ‚Regierung' zu sprechen (1965a: 212f). Wie bereits angedeutet, müssen diese Autoritäten nicht gleichbedeutend mit den tatsächlichen Schaltstellen im politischen System sein. Allerdings sei es nötig, im politischen System Personen als Machthaber zu installieren, die als ‚Fassade' für die Kanalisierung politischer Kommunikation fungieren (Easton 1965a: 215). Wie noch zu sehen sein wird, hängt die Unterstützung für Autoritäten wesentlich stärker als jene für

2.7 Support als Input des politischen Systems

das Regime und die politische Gemeinschaft von den tatsächlichen Erfahrungen mit Politik ab – und damit vom Output des politischen Systems. Diese Form der direkt an Personen und Parteien gekoppelten Unterstützung wurde insbesondere in den damals aufkommenden großen Wahlstudien untersucht. Easton versuchte an dieser Stelle einen ‚weiteren analytischen Kontext' aufzuspannen, in dem die Instrumente und die Ergebnisse dieser Studien theoretisch verortet werden können (1965a: 219). Allerdings kritisiert er an dieser Forschung wie auch an dem Ansatz von Parsons auch, dass beide sich zu sehr auf die Autoritäten konzentrieren – und das Regime und die politische Gemeinschaft als weitere wichtige Objekte politischer Unterstützung außer acht lassen (Easton 1976: 435ff, 445).

(b) Neben ihren Objekten kategorisiert Easton politische Unterstützung auch nach ihrer Form und ihrer Entstehung. So unterscheidet er diffusen und spezifischen Support. *Diffuser Support* zeichnet sich dadurch aus, dass er relativ unabhängig von der unmittelbaren Tagespolitik ist (Easton 1965a: 267ff; 1975: 437, 445). Dazu gehört etwa eine patriotische Grundhaltung, die sich nicht aufgrund mehr oder weniger zufriedenstellender Outputs des politischen Systems schnell ändern wird. Aber auch die langfristige Parteiidentifikation oder ein grundsätzliches Bekenntnis zu demokratischen Spielregeln bleiben von einzelnen politischen Ereignissen meist unverändert. Nur langfristige Tendenzen in den Outputs können zu einer Änderung der Identifikationen mit politischer Gemeinschaft, Regime und Autoritäten führen.

Demgegenüber ist *spezifischer Support* direkt an die Erfahrungen mit politischen Entscheidungen gekoppelt (Easton 1965a: 343f). Das heißt: Politische Akteure werden (spezifisch) unterstützt, insofern sie im politischen Tagesgeschäft die Interessen der Mitglieder des Systems verfolgen (oder so wahrgenommen werden). Damit hängt spezifische Unterstützung von den Outputs des politischen Systems ab und von deren Wahrnehmung in der Bevölkerung (bzw. bei den relevanten Mitgliedern des Systems). Spezifischer Support ist mithin eher kurzfristiger Natur, während diffuser Support sich nur in langfristigen Prozessen ändert.

Im Sinne von David Easton beziehen sich diese verschiedenen Formen von politischer Unterstützung auch auf unterschiedliche Komponenten des politischen Systems. Politische Entscheidungen als die Grundlage spezifischer Unterstützung werden meist direkt politischen Akteuren (der Regierung, einer Partei oder einer politischen Persönlichkeit) zugerechnet. Insofern setzt spezifischer Support immer bei den politischen Autoritäten an (Easton 1975: 437, 445). Demgegenüber kann diffuser Support auf alle drei Ebenen des politischen Systems zielen: Man kann eine langfristige Bindung an politische Akteure entwickeln. Aber auch das Regime (Demokratie, Kommunismus etc.) und die politische Gemeinschaft (Patriotismus) können Gegenstand einer diffusen langfristigen Bindung sein. Während also spezifische Unterstützung sich lediglich auf Autoritäten bezieht, kann diffuser Support an allen drei Ebenen (Autoritäten, Regime, politische Gemeinschaft) ansetzen.

Ein weiterer Unterschied besteht Easton zufolge darin, dass diffuse Unterstützung unterschiedliche Formen annimmt, je nachdem auf welches Objekt sie sich bezieht. Spezifische Unterstützung besteht immer in der ‚Evaluation von Outputs und allgemeiner Leistung (*performance*) von politischen Autoritäten' (Easton 1975: 447). Diffuse Unterstützung unterscheidet sich in ihrer Form nach den Objekten oder Ebenen des politischen Systems. So bestünde diffuser Support für die politische Gemeinschaft in einem ‚Wir-Gefühl, Gemeinschaftsbewusstsein oder Identifikation mit der Gruppe'. Genauer diskutiert Easton zwei Formen der diffusen Unterstützung für Regime und Autoritäten: Vertrauen und Legitimität. Er schließt aber auch nicht aus, dass daneben noch weitere Dimensionen diffuser Unterstützung bestehen und nennt teilweise auch noch unsystematisch weitere Formen wie zum Beispiel „positive affection for an object in and of itself" (Easton 1976: 438).

Legitimität (*legitimacy*) als eine der Hauptformen diffuser Unterstützung für Regime und Autoritäten steht nach Easton für:

„the conviction on the part of the member that it is right and proper for him to accept and obey the authorities and to abide by the requirements of the regime. It reflects the fact that in some vague or explicit way he sees these objects as conforming to his own moral principles, his own sense of what is right and proper in the political sphere." (1965a: 278)

Autoritäten und Regime werden damit unterstützt, soweit sie den moralischen Prinzipien der Mitglieder entsprechen. Easton zufolge ist diese moralische Zustimmung zu Regime und Autoritäten die stabilste Form der politischen Unterstützung. Legitimität von Regime und Autoritäten kann ihre Ursachen nach Easton auf der ideologischen oder der strukturellen Ebene haben oder in den ‚persönlichen Qualitäten der Autoritäten' (1965a: 286f; 1975: 451f).[5]

Auf der ideologischen Ebene entsteht Legitimität aus der moralische Überzeugung von der Richtigkeit der Spielregeln des politischen Prozesses (dem

---

[5] Diese Typologie entspricht stark der Unterscheidung von Max Weber zwischen den ‚rationalen', ‚traditionalen' und ‚charismatischen' Typen legitimer Herrschaft (1921: 124ff). Die ideologisch motivierte Legitimität entspricht in etwa dem rationalen Typus bei Weber, die strukturelle bei Easton der traditionalen bei Weber und die Dimension der ‚persönlichen Qualitäten' bei Easton dem Charisma bei Weber. Neu ist bei Easton eine Diskussion des Bezugs auf Regime und Autoritäten als zwei Komponenten des politischen Systems. Außerdem sieht Easton einige Probleme in Webers Typologie, die er mit seiner Diskussion vermeiden möchte (Easton 1965a: 301ff).

2.7 Support als Input des politischen Systems

Regime) und davon, dass die jeweiligen Entscheidungsträger (Autoritäten) zurecht in Amt und Würden stehen (Easton 1965a: 289ff). Auf der Strukturebene, so Easton, erlangen staatliche Ordnungen mit der Zeit einen gewissen Eigenwert für ihre Mitglieder (1965a: 300). Und diese ‚Tradition' der Regimestrukturen verstärkt dann in einem ‚overflow' auch die Legitimität der Autoritäten. Die ‚persönlichen Qualitäten' von Entscheidungsträgern schließlich erhöhen direkt den Glauben an deren Rechtmäßigkeit als Autoritäten (Easton 1965a: 302ff). Diese ‚persönliche Legitimität' kann indirekt (wiederum in einem ‚overflow') auch die Legitimität des Regimes erhöhen.

Als zweiten Haupttyp von diffuser Unterstützung für Regime und Autoritäten nennt Easton in den Siebzigern Vertrauen (*trust*; 1975: 447ff). Während Legitimität auf einer sehr allgemeinen Ebene liegt, ist Vertrauen in die Verfahren des politischen Prozesses und in die Entscheidungsträger direkter an konkrete Erfahrungen mit Politik gebunden. Vertrauen steht bei Easton für das Gefühl von Seiten der Mitglieder eines politischen Systems, ‚dass ihre Interessen auch dann vertreten werden, wenn die Autoritäten nicht ständig unter genauer Prüfung stehen' (1975: 447). Ein solches Vertrauen in die Politik und in bestimmte Entscheidungsträger fußt natürlich in Erfahrungen mit politischen Entscheidungen. Aber es liegt nach Easton doch auf einer allgemeineren Ebene als die kontinuierliche Bewertung von den Leistungen (‚performance') von Autoritäten. Vertrauen ist damit eher mittelfristiger Natur, während spezifischer Support sehr kurzfristig ist und Legitimität sich eher in sehr langfristigen Prozessen bildet und wandelt.

Diffuser Support ist langfristiger als spezifischer Support, und er kann sich nicht nur auf Autoritäten beziehen, sondern auch auf das Regime und die politische Gemeinschaft. Wie bereits angedeutet wurde, stehen dahinter auch unterschiedliche Entstehungsmechanismen für diffusen und spezifischen Support. So ist spezifische Unterstützung eine direkte Reaktion auf politische Entscheidungen. Autoritäten, die als positiv bewertete Entscheidungen herbeiführen, unterstützen oder fordern, werden eher unterstützt als andere (Easton 1965a: 267f, 343f). Darin liegt auch der kurzfristige Charakter spezifischer Supports begründet: Sobald andere Autoritäten eher die Interessen der jeweiligen Mitglieder des System zu vertreten scheinen, können jene ihre Unterstützung auf diese anderen Autoritäten richten. Allerdings sind bei der Zuteilung von Unterstützung wie angedeutet nicht nur kurzfristige Faktoren ausschlaggebend. Die meisten Wähler ändern ihre Präferenz – wie in den großen Wahlstudien der Fünfziger erforscht – nicht von heute auf morgen wegen unmittelbarer politischer Entscheidungen (Campbell et al. 1960: 120ff). Vielmehr ist die langfristige Parteiidentifikation (also der diffuse Support für bestimmte Autorıtäten) ein sehr wichtiger Faktor bei der konkreten Wahlentscheidung. Diese langfristige Parteiidentifikation wird oft schon in der Jugend (vor allem durch das soziale Umfeld) festgelegt und ändert sich erst nach nachhaltigen Enttäuschungen durch die Partei, mit der man sich identifizierte. Deswegen spricht Easton von der *Sozialisation* als einer der wichtigsten Quellen von diffusem langfristigem Support (1965: 125; 1965a: 280, 306f, 309). Die politische Sozialisation in Kindheit und Jugend etwa in der Schule ist mithin ein eminent bedeutender Faktor für Unterstützung und damit für die Stabilität des Systems insgesamt. Vor diesem Hintergrund erklärt sich auch das starke Interesse Eastons für Sozialisationsprozesse, denen er einige Jahre später eine eigene empirische Untersuchung widmete (Easton/Dennis 1969).

Neben der Sozialisation spielen natürlich auch Erfahrungen mit der Politik bei der Entstehung von diffusem Support eine Rolle. So kann man seine Parteiidentifikation nach einem langwierigen Umdenken wechseln. Oder gute Erfahrungen etwa mit einem demokratischen Regime können dazu führen, dass man nicht mehr autokratische, sondern demokratische Staatsformen unterstützt. In einem langfristigen Prozess kann sich also spezifische Unterstützung in diffuse Unterstützung umwandeln (Easton 1965a: 275). Easton diskutiert dies in einem späteren Artikel an einem konkreten Beispiel seiner Zeit: Der Watergate-Skandal unterminierte wohl das Vertrauen in den damaligen Präsident (Richard Nixon). Möglicherweise ist aber auch der Glaube an die Legitimität weiterer Autoritäten im US-amerikanischen System gesunken, oder auch an die des Systems selbst. Easton sieht den Watergate-Skandal auch als letztes Ereignis in einer längeren Kette von umstrittenen politischen Entscheidungen in den USA (das Abwerfen von Atombomben über Hiroshima und Nagasaki, die Verfolgung linker Intellektueller während der McCarthy-Ära, der Vietnam-Krieg, Korruptionsskandale). Diese Folge von Ereignissen war nach Easton dazu geeignet, die Legitimität des Regimes selbst in Frage zu stellen (bis hin zur Suche nach alternativen Systemformen; 1976: 439f, 444). Politische Entscheidungen können also nicht nur unmittelbar den spezifischen Support für Autoritäten beeinflussen, sondern langfristig auch das Vertrauen in und die Legitimität von Autoritäten und Regime.

Insgesamt ergibt sich damit eine Gesamtschau der Generierung von diffusem und spezifischem Support für Autoritäten, Regime und politische Gemeinschaft aus Sozialisation und politischen Erfahrungen wie in Abbildung 3 dargestellt.

Sowohl diffuse als auch spezifische Unterstützung sind nach Easton wichtig für den Fortbestand des politischen Systems: Autoritäten brauchen spezifische Unterstützung, um ihre Rolle als Entscheidungsträger im politischen Prozess auszufüllen. Und alle drei Komponenten des politischen Systems (Autoritäten, Regime und politische Gemeinschaft) benötigen diffuse Unterstützung – sonst werden politische Entscheidungen nicht als kollektiv bindend akzeptiert. Ein Fehlen eines gewissen Niveaus an diffusem und/oder spezifischem Support setzt deswegen nach Easton das politische System unter *Stress*. Eine Form von Stress

2.7 Support als Input des politischen Systems

wurde oben bereits als ‚Demand Input Overload' diskutiert: Zu viele oder widersprüchliche Forderungen können ein politisches System überfordern oder zumindest stark in seiner Arbeitsweise beeinträchtigen (Easton 1965a: 57ff). Stress besteht nach Easton auch dann, wenn es dem System an diffusem und/oder spezifischem Support fehlt (1965a: 221ff).

Abbildung 3: Abbildung 3: Typologie politischer Unterstützung nach Easton

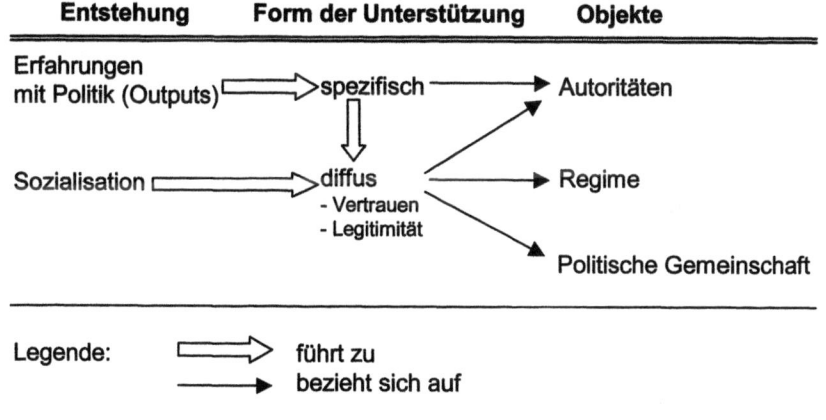

(eigene Darstellung)

Eine wichtige Ursache für fehlenden Support können tiefe Spaltungen in der Gesellschaft sein, die in der Politikwissenschaft unter dem Stichwort ‚Konfliktlinien' (*cleavages*) diskutiert werden (Lipset 1960: 230ff; Lipset / Rokkan 1967; Easton 1965a: 230ff). Solche Konfliktlinien können in gewisser Weise förderlich für ein politisches System sein, so lange sie zu einer Zunahme an politischer Diskussion bei grundsätzlicher Bereitschaft zu Kompromissen führen. Fällt diese Bereitschaft zu Kompromissen weg, so führt dies in der Konsequenz zur Handlungsunfähigkeit des politischen Systems (Easton 1965a: 233, 240). Denn fehlende Verhandlungs- und Kompromissbereitschaft sorgt dafür, dass das System oft keine Entscheidungen mehr fällen kann oder diese von gesellschaftlichen Gruppen nicht als bindend akzeptiert werden. Zugleich kann die Identifikation mit Subgruppen dazu führen, dass die politische Gemeinschaft als Ganze nicht mehr hinreichend unterstützt wird. Das Konzept der Konfliktlinien war in den Sechzigern sehr wichtig für die Politikwissenschaft. Easton versucht mit den genannten Überlegungen, den Cleavage-Begriff in seine Theorie einzuordnen und damit ein besseres Verständnis für Folgen von politischen Konfliktlinien für das politische System zu erlangen.

(c) Gerade beim Konzept der politischen Unterstützung hat David Easton die Verwendbarkeit seiner Theorie in empirischer Forschung vor Augen. Wie einige Male angesprochen, versucht er hier, der damals entstehenden Wahlforschung einen theoretischen Rahmen zu geben. Um dies zu leisten, muss Easton aber einige theoretische Brücken schlagen. Wie bereits angedeutet, spricht er sowohl von Handlungen als auch von Einstellungen als Formen politischer Unterstützung (Easton 1965a: 159ff). Während Handlungen wie etwa das Feiern von nationalen Gedenktagen oder das Wählen von Parteien relativ unproblematisch als Input des politischen Systems verstanden werden können, bestehen bei Einstellungen wie etwa Nationalstolz oder Parteiidentifikation schon größere Schwierigkeiten. Wie können solche kognitiven Phänomene im politischen System relevant werden? Dahinter steckt die handlungstheoretische Annahme, dass Menschen tatsächlich in ihren Handlungen konsequent ihren Einstellungen folgen (Easton 1957: 391). Nötig ist diese Annahme vor allem, weil Wahlstudien oder die Meinungsforschung fast ausschließlich kognitive Orientierungen abfragen können – jedoch kaum tatsächliche Handlungen.

Um diesen Zusammenhang analytisch zu fassen, spricht Easton von Inputs vom ‚parametrischen System' in das politische System (1965a: 27). An dieser Stelle hilft Easton sein oben vorgestellter analytischer Systembegriff: Es ist kaum möglich, ein ‚parametrisches System' als zusammenhängendes soziales Phänomen zu identifizieren (und Parsons oder Luhmann hielten eine solche Sichtweise wohl für wenig sinnvoll). Aber rein analytisch lassen sich natürlich empirisch erhobene kognitive Orientierungen zu einem ‚System' zusammenfassen, aus dem dann Inputs in das politische System fließen. Dies gilt gleichermaßen für Demands wie Support, die Easton als Sammelvariablen (*summary variables*) für Umweltbedingungen des politischen Systems dienen (1965: 113; 1965a: 26f, 221). Das heißt: Im Forschungsalltag werden nicht Umweltereignisse wie etwa der Bankrott eines großen Geldhauses oder die abnehmende Geburtenrate als Folge des Wandels von Familienstrukturen in der Gegenwart als Inputs des politischen Systems betrachtet. Vielmehr müssen diese Ereignisse zu einem Wandel von Forderungen oder von Unterstützung führen – sonst bleiben sie für die Politikwissenschaft unbeobachtbar. Dies mag der tatsächlichen Verarbeitung solcher Ereignisse durch das politische System entsprechen. Schließlich kann das politische System nicht jedes gesellschaftliche Ereignis als solches beobachten und darauf mit politischen Entscheidungen reagieren. Man muss sich aber darüber im Klaren sein, dass darin bereits eine deutlich analytische Reduktion liegt.

2.8 Outputs und Feedback

Nachdem die Inputs und deren Verarbeitung im politischen System vorgestellt wurden, fehlen noch zwei wesentlich Elemente des Eastonschen Modells: Zum einen die *Outputs* und zum anderen deren Rückwirkung auf das System selbst – der *Feedback Loop* (Easton 1965: 126ff; 1965a: 343ff). Outputs sind im Sinne Eastons diejenigen kollektiv bindenden Entscheidungen, die das Resultat des politischen Prozesses bilden. Sie kommen aufgrund von Forderungen (Demands) aus der Umwelt des politischen Systems zustande und werden wesentlich durch die Unterstützung für politische Autoritäten bestimmt. Politische Akteure versuchen laut Easton solche Entscheidungen zu treffen, von denen sie sich eine Zunahme oder zumindest ein gleichbleibendes Niveau an Unterstützung erhoffen. Damit ist bereits die für Easton entscheidende Eigenschaft von Outputs ausgesprochen: Sie sorgen in der Konsequenz für sich verändernde Inputs (Forderungen und Unterstützung) und wirken so wieder auf das politische System zurück. Diesem *Feedback Loop* gilt das Hauptaugenmerk Eastons. Demgegenüber bleiben die Folgen von politischen Entscheidungen für die Gesellschaft (heute Policy-Forschung genannt) im Eastonschen Schema eher sekundär.

Abbildung 4: Feinschema des politischen Prozesses nach Easton Easton 1965: 110; 1965a: 30

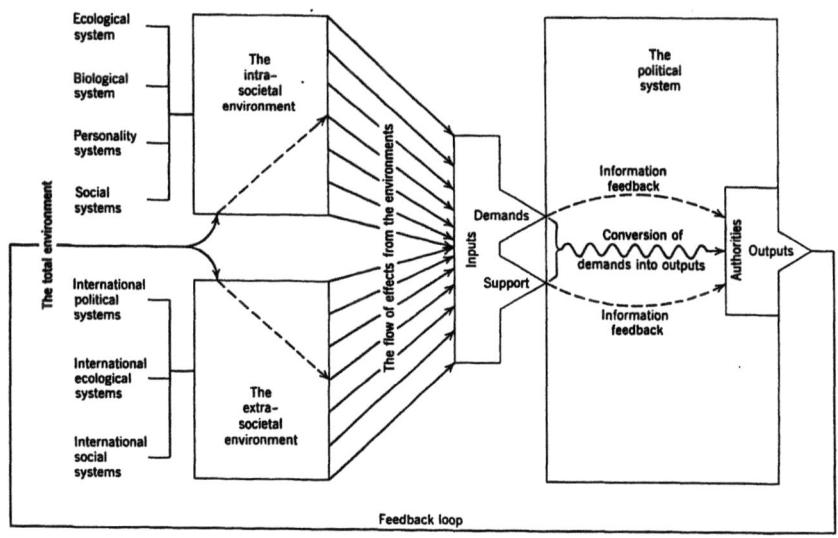

Insgesamt ergibt sich damit ein verfeinertes Bild des politischen Prozesses wie in Abbildung 4 dargestellt. Die Outputs bilden gleichsam den Abschluss, werden aber gleich wieder über den Feedback Loop in das System eingespeist. Ihre Effekte beeinflussen sowohl die Forderungen an das politische System als auch direkt die spezifische Unterstützung für Autoritäten. Indirekt wirken sie auch auf den diffusen Support für Autoritäten, für die politische Gemeinschaft und für das Regime selbst (s.o.).

Während die bisherigen Ausführungen weitgehend ein statisches Bild des politischen Systems präsentierten, sorgt der Feedback Loop für Dynamik: Das politische System ändert mit den Outputs unter Umständen gesellschaftliche Rahmenbedingungen; seine Umwelt reagiert darauf mit veränderten Forderungen und Unterstützungsniveaus, wodurch das System nun mit neuen Inputs arbeiten muss. Der Feedback Loop steht damit für eine „kontinuierliche Kette von Aktivitäten, in der sich Inputs und Outputs gegenseitig direkt oder indirekt beeinflussen und damit auch das politische System und seine Umwelt" (Easton 1965a: 345).

David Easton hält dieses Konzept des Feedback Loops (das er aus der allgemeinen Systemtheorie übernimmt) für eine der wichtigsten Neuerungen der modernen Wissenschaft – vergleichbar mit der Newtonschen Physik oder der Evolutionstheorie von Charles Darwin (1965a: 367ff). Systeme, die über einen solchen Feedback Loop verfügen, können ‚aus ihren Erfolgen und Fehlern lernen'. Sie können ‚sich sogar selbst modifizieren oder auch ihre Umwelt, um ihre Ziele zu erreichen'. Dies ist auch einer der wichtigsten Gründe dafür, warum etablierte politische Systeme (wie damals etwa in Großbritannien und in den USA) eine größere Stabilität aufweisen als die damals neuen Demokratien in Europa (Deutschland, Frankreich, Italien) und die postkolonialen Staaten etwa in Afrika. Easton spricht hier von einem ‚sozialen Reifungsprozess' (*social maturation*; 1965a: 370): Politische Systeme lernen aus ihrer Geschichte und sind danach besser auf ihre Umwelt abgestimmt – genau wie sich die Umwelt ihrerseits auf solche politischen Systeme einstellt (Easton 1959: 230ff).

Die andere Seite des Feedback Loops ist die oben dargestellte Responsivität des politischen Systems. Genau wie die gesellschaftliche Umwelt auf Outputs reagiert, so antwortet das politische System (*response*) auf Forderungen und Unterstützung. Damit ergibt sich für Easton ein vierstufiger Prozess von Outputs, Feedback Loop, Inputs und Response (Abbildung 5).

I. In der ersten Phase geht es darum, auf welche Weise politische Entscheidungen überhaupt auf die Umwelt des Systems wirken. Diese können – wie zuvor gefordert – auf soziale Phänomene wirken und damit indirekt die Bedingungen für Forderungen und Unterstützung verändern (*circumstantial feedback stimuli*; Easton 1965a: 383ff). Noch wichtiger für den politischen Prozess ist aber, ob

2.8 Outputs und Feedback

diese Veränderungen von den Mitgliedern des Systems so auch wahrgenommen werden. Um die Wahrnehmung geht es bei den *perceived feedback stimuli* (Easton 1965a: 387ff). So kann die Wirkung von politischen Maßnahmen unter- oder überschätzt werden. Gerade die politischen Autoritäten selbst haben ein Interesse daran, dass eigene Entscheidungen möglichst vorteilhaft aussehen und die Entscheidungen von Konkurrenten in einem schlechteren Licht erscheinen. Und diese Manipulationen von Wahrnehmungen sind unter Umständen wichtiger als die tatsächlichen Wirkungen von Maßnahmen. In diesem Fall sind ‚Symbole und nicht Umstände' die Stimuli des Feedback Loop.

Abbildung 5: Vierstufiger Prozess des Feedback Loops:

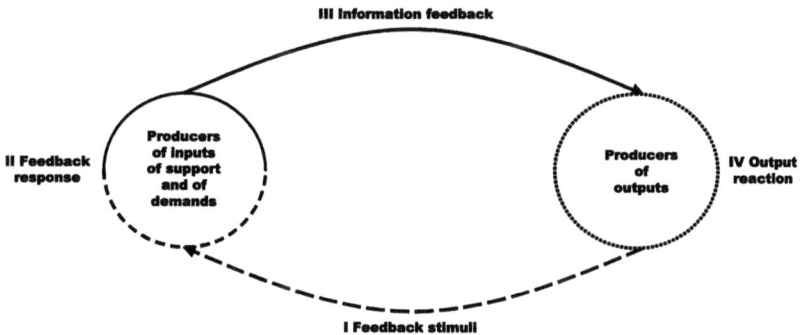

Easton 1965a: 381

II. Am Eingang des politischen Systems müssen schließlich die relevanten Mitglieder des Systems dieses Feedback in neue politische Forderungen und Unterstützung übersetzen (*feedback response*; Easton 1965a: 401ff). Entscheidend dafür ist das Verhältnis zwischen der Wahrnehmung von Outputs und den an Politik angelegten Erwartungen. Ein wichtiger Faktor für die Erwartungen ist nach Easton wiederum die politische Sozialisation (1965a: 405). Und deswegen hätten ‚ältere' Systeme wie die in Großbritannien und den USA den Vorteil, dass hier die Mitglieder bereits einen gewissen Realitätssinn in Bezug auf die Outputs entwickelt haben. Easton schlägt vor, dies mit einem Index der politischen Zufriedenheit zu messen, in dem das Verhältnis von politischen Forderungen und Outputs gebildet wird (1965a: 406). Dies erfordert allerdings eine Quantifizierung dieser Variablen und ist daher auch nie in empirischen Arbeiten versucht worden.

III. Mit dem dritten Schritt müssen Informationen über dieses Feedback Response zu den Autoritäten gelangen (Easton 1965a: 411ff). Dieser Schritt läuft über die oben diskutierten Gatekeeper: Parteistrukturen, individuelle Kontakte zwischen Bürgern und Politikern, die Massenmedien und Interessengruppen. Als letzte Neuerung in diesem Bereich nennt Easton die damals noch recht neuen Meinungsumfragen, die inzwischen eine sehr viel größere Bedeutung erlangt haben. Ein entscheidender Faktor bei diesem dritten Schritt ist nach Easton die richtige zeitliche Abstimmung (1965a: 415ff): Bei manchen drängenden Problemen enttäuscht eine verspätete Reaktion der Autoritäten auf politische Forderungen die Erwartungen der Bevölkerung (*time lag*). Wenn andererseits die Autoritäten zu schnell reagieren, hatten sie unter Umständen nicht genug Zeit für die Sichtung komplexer Problemlagen. Der zeitliche Abstand zwischen Forderungen und Outputs hängt stark von den Kanälen ab, über die Forderungen zu den politischen Autoritäten gelangen.

IV. Den Abschluss (und Neuanfang) des Feedback-Loops bilden die Autoritäten, die auf die ihnen zugeführten Informationen (Phase III) mit neuen Outputs reagieren (Phase I). Entscheidend sind an dieser Stelle zwei Faktoren: erstens die Responsivität der Autoritäten für politische Forderungen (Easton 1965a: 430ff). Die Reaktionen auf Demands hängen nach Easton davon ab, inwiefern Autoritäten sich nur für die Interessen bestimmter Gruppen zuständig sehen (etwa: ethnische Gruppen oder soziale Schichten). Zweitens wird auch eine Rolle spielen, inwiefern Autoritäten direkt von politischer Unterstützung abhängig sind. So sind Parteien und Regierungen in demokratischen Systemen unmittelbar zu Reaktionen auf massenhafte Forderungen gezwungen – um eventuellen Machtverlust bei den nächsten Wahlen zu verhindern. Aber auch in diktatorischen Systemen sind die Autoritäten nach Easton zumindest langfristig von der Unterstützung durch die Bevölkerung abhängig. Wie an anderen Stellen abstrahiert Easton hier von den subjektiven Motiven der Akteure: Es kommt nicht darauf an, ob die Autoritäten tatsächlich die Befriedigung von Demands als ihre Aufgabe sehen – oder ob sie vielmehr direkt Missstände beheben wollen (Easton 1965a: 433). Unabhängig von diesen subjektiven Dispositionen gilt: Um als Autorität im politischen System überleben zu können, müssen politische Akteure politische Unterstützung auf sich ziehen – ob absichtlich oder als nicht-intendierte Handlungsfolge.

Den zweiten Faktor für die Produktion von Outputs bilden die den Autoritäten verfügbaren Ressourcen (Easton 1965a: 448ff). Dazu zählen etwa die im System vorhandenen ökonomischen und technischen Ressourcen, die zum Beispiel beim Aufbau von Militär beachtet werden müssen. Easton nennt hier aber auch das Wissen über gesellschaftliche Zusammenhänge. So müssen Autoritäten die Folgen von politischen Entscheidungen immer mehr oder weniger informiert schätzen – prognostisches Wissen können bisher auch die Sozialwissenschaften nicht liefern. In Ermangelung genauer Erkenntnisse bilden Autoritäten bestimmte ‚Daumenregeln' (‚*rules of thumb*') für den Umgang mit bestimmten Problemen oder Situationen aus (1965a: 455ff). Diese sammeln sich in politischen Systemen an und bilden so etwas wie ein ‚soziales Gedächtnis' („*social memory bank*'). Solche Traditionen können den Umgang mit Situationen stark erleichtern. Sie können aber auch bei der Bewältigung völlig neuer Probleme (wie etwa der Weltwirtschaftskrise 1929) als Hemmschuh wirken, weil sie den Blick auf alternative Umgangsweisen verstellen.

2.9 Politische Strukturen

Die bisherigen Ausführungen beschränkten sich weitgehend auf die Austauschprozesse zwischen dem politischen System und seiner Umwelt. Das politische System selbst wurde dabei weitgehend als ‚black box' behandelt (Easton 1990: ixf). So wie bei den meisten elektrischen Geräten heute sehen wir, was hineingeht (Strom, die Betätigung bestimmter Tasten), und wir sehen die Ergebnisse (kochendes Wasser, geschriebene Texte, bewegte Bilder). Über die internen Prozesse und Strukturen dieser Geräte wissen wir meist sehr wenig – und wir fragen auch nicht weiter danach (solange das herauskommt, was wir erwarten). Ähnlich wurde das politische System behandelt: Politische Forderungen und Unterstützung als Inputs und politische Entscheidungen als Outputs wurden beobachtet und in ein analytisches Raster gebracht – die internen Strukturen blieben jedoch weitgehend ausgeklammert. Dem entspricht die oben skizzierte Entwicklung des Eastonschen Werks: Die epochemachenden Aufsätze und Bücher der Fünfziger und Sechziger beschäftigten sich alleine mit diesen Austauschprozessen. Die Strukturen des Systems wurden erst sehr viel später, 1990 im Buch *The Analysis of Political Structure* thematisiert.

Allerdings geht es hier nicht um konkrete politische Strukturen. Vielmehr versucht Easton einen begrifflichen Rahmen für ein allgemeines Verständnis solcher Strukturen aufzuspannen. Dazu gehört zum einen eine Kategorisierung politischer Strukturen. Zum anderen formuliert Easton auch ein theoretisches Statement über die Konstitution solcher Strukturen. In den früheren Arbeiten ging Easton noch davon aus, dass es leicht sei, zwischen Strukturen und Prozessen zu unterscheiden (1990: x). Auf der Basis von Strukturalisten wie Claude Lévi-Strauss und Louis Althusser kommt er 1990 zu einer anderen Annahme: Struktur muss selbst dynamisch gedacht werden (Easton 1990: 116f). Strukturen sind damit nichts prinzipiell Stabiles, Unabänderliches. Sie wirken zwar als Einschränkungen (constraints) auf individuelle Handlungen, werden aber auch durch diese immer aufs Neue geformt und umgeformt. Damit lenkt Easton den Blick auf die Genese von Strukturen im Wechselspiel der politischen Akteure.

Easton definiert politische Strukturen als „patterns of relationships among such elements as individuals, groups, classes, or aggregates" (1990: 60). Der Begriff bezieht sich damit nicht auf „individual elements themselves", also nicht auf individuelle Akteure. Diese Definition ist insofern konsequent, als Easton ja auch nicht von den Individuen, sondern von deren Interaktionen als den Grundeinheiten des politischen Systems gesprochen hatte (s.o., 2.4.d.). Die Strukturen des Politischen sind deswegen ebenfalls nicht auf der Ebene der Personen zu finden, sondern in deren Interaktionsstrukturen – eben den sozialen Beziehungen. In diesem Sinne hatte Easton auch schon in *A Systems Analysis of Political Life* formuliert: „Das komplexe Netz politischer Kommunikation und Beziehungen formt soziale und politische Bindungen, die zu ihrer eigenen Aufrechterhaltung beitragen, sobald sie entstehen – unabhängig von den Ausgangsbedingungen." (1965a: 327) Hier deutet sich ein Begriff politischer Strukturen als Netzwerke von Beziehungen zwischen individuellen und kollektiven politischen Akteuren an. Allerdings sieht Easton die Netzwerktheorie als nicht genügend ausgearbeitet, um methodisch und theoretisch die Analyse von Makro-Strukturen etwa im politischen System zu leisten (1990: 89f, 253f).

Als ersten Schritt hin zu einer solchen Analyse schlägt Easton eine Typologie politischer Strukturen vor. So unterscheidet er zum einen Strukturen höherer und niederer Ordnung. Strukturen höherer Ordnung (*higher order structures*) stehen dabei für das Gesamtbild des politischen Systems, so wie Easton es in seinen früheren Publikationen vorgestellt hatte. Auf der Ebene niederer Ordnung (*lower order structures*) hingegen siedelt er die beobachtbaren politischen Strukturen an. Dazu zählt zum einen das *Regime* – die oben schon angesprochenen Regeln des politischen Prozesses (Easton 1990: 63ff, 79ff). Dies sind vor allem formalisierte Erwartungen über die Rollen von Akteuren im politischen Prozess. Deswegen spricht Easton hier auch von *formalen Strukturen*. Daneben finden auf der Ebene niederer Ordnung noch *differenzierte Strukturen* (,differentiated structures'), die eher *informalen* Charakter haben. Hier geht es nicht um normative Erwartungen über den Ablauf des politischen Prozesses, sondern um die tatsächlich beobachtbare Machtstruktur von Individuen und Gruppen im politischen System (Easton 1990: 69ff, 94ff). Dies verweist etwa auf die oben skizzierte Rolle der Gatekeeper im politischen Prozess, aber auch auf die in *The Political System* angedeutete starke Rolle von Gruppen (s.o., 2.3., 2.6.). Während das Regime also für die oft kodifizierten Verfahren des politischen Prozesses steht, markiert Eastons etwas irreführender Begriff der differenzierten Strukturen die Machtkonstellation im politischen System.

2.9 Politische Strukturen

Den zweiten und dritten Teil des Buches widmet Easton einer kritischen Rekonstruktion des post-marxistischen Strukturalismus von Nicos Poulantzas und – im Anschluss an Poulantzas – den bereits angesprochenen Strukturen höherer Ordnung (*higher-order structures*). Das Ziel dieser Überlegungen ist es, die grundsätzliche Vereinbarkeit von Strukturalismus und Systemtheorie zu zeigen (Easton 1990: 118ff). Die beobachtbaren Strukturen niederer Ordnung (Regime und Machtkonstellation) sind demnach nur Ausdruck einer übergreifenden Superstruktur, deren wichtigste Elemente latent – also unbeobachtbar – bleiben. Diese Strukturen höherer Ordnung wären demnach genau die in den 60ern von ihm umfangreich skizzierten ‚Transformationsregeln' des politischen Systems (s.o.; Easton 1990: 260ff). Die *Higher-order Structures* wirken mithin als Einschränkung auf die *Lower-order Structures*, aber auch als Ressource. Die Konturen des politischen Systems wären gewissermaßen die unabhängige Variable, von der sich das Regime und das Spiel politischer Akteure ableiten. Damit ist aber auch gesagt, dass die entscheidenden Strukturen des politischen Systems für den Beobachter zunächst unsichtbar bleiben – gleichsam als untere Hälfte des Eisbergs, die dafür sorgt, dass die sichtbare Spitze so und nicht anders aussieht. Und während die manifesten Strukturen des Regimes und der Machtkonstellation etwa durch den Strukturalismus beschreibbar sind, bräuchte es für die latenten *higher-order structures* eine Systemtheorie des Politischen, so wie Easton sie vorgelegt hat.

Die Bedeutung von *The Analysis of Political Structure* ist schwer einzuschätzen. Easton selbst begreift das Buch als eine notwendige Abrundung seines theoretischen Werks. Und in der Tat wirft es neues Licht auf die Strukturen des politischen Systems, die in den Sechzigern noch eine Leerstelle seiner Theorie waren. Andererseits sieht Easton in dem Buch zurecht nur einen ersten Schritt in die Richtung einer Strukturtheorie des Politischen. Vieles bleibt deswegen unabgeschlossen. Auch bei der Frage nach der geeigneten Methode für die Analyse politischer Strukturen verweist Easton auf nötige weitere Entwicklungen (1990: 285f). Nicht zuletzt deshalb ist die Wirkung dieses vierten theoretischen Statements von David Easton in der Politikwissenschaft sehr viel geringer ausgefallen als die der ersten drei. Ich möchte es deshalb bei diesem knappen Überblick belassen und mich der an Easton anschließenden Diskussion in den Siebzigern und der damals in den Anfängen befindlichen Theorie Niklas Luhmanns zuwenden.

2.10 Zusammenfassung

David Easton hat mit seinem Modell des politischen Systems die Politikwissenschaft entscheidend mitgeprägt. In der Mitte des 20. Jahrhunderts entstand mit der Wahlforschung und mit den großen Ländervergleichen eine quantitativ ausgerichtete empirische Politikforschung. Damit einher ging die Suche nach einem theoretischen Bezugsrahmen, um die Ergebnisse dieser Forschung einordnen und interpretieren zu können. David Easton lieferte in Anlehnung an Entwicklungen der allgemeinen Systemtheorie und in lockerer Verknüpfung mit dem Strukturfunktionalismus genau dies: ein allgemeines Modell politischer Prozesse, das versuchte, die vielfältigen Entwicklungen in der damaligen Politikwissenschaft zu integrieren.

Die Grundzüge dieses Modells hat er bereits 1957 in *An Approach to the Analysis of Political Systems* skizziert: Ein politisches System ist eine Black Box, in der politische Forderungen (demands) und Unterstützung (support) in politische Entscheidungen (outputs) übersetzt werden. Diese Entscheidungen wirken selbst wieder auf das politische System zurück (feedback), indem sie die Bedingungen für Demands und Support wandeln. Dadurch wird das System dynamisch – es kann als Reaktion auf Probleme bei den Inputs oder deren Verarbeitung auch die eigenen Strukturen ändern. Solche Stresssituationen bestehen etwa bei niedrigen Niveaus politischer Unterstützung oder bei einer Überforderung durch politische Demands oder bei gravierenden Konfliktlinien. Der allgemeine Bezugspunkt ist damit nicht der Fortbestand von Systemstrukturen, sondern von politischen Prozessen schlechthin (Persistenz). Ein politisches System besteht mithin solange, wie Forderungen nach kollektiv bindenden Entscheidungen gestellt und solche zumindest von Zeit zu Zeit auch formuliert und durchgesetzt werden.

In dieses Modell integriert Easton eine Fülle von Konzepten und Theorien mittlerer Reichweite der damaligen politikwissenschaftlichen Forschung. So diskutiert er die Rolle von Konfliktlinien im politischen Prozess, von politischer Kultur und von Parteiidentifikation. Vor allem aber liefert seine Konzeption der politischen Unterstützung einen theoretischen Rahmen für die damals relativ neu entstandene Wahlforschung und die vergleichenden Studien zur politischen Kultur. Anhänger wie Kritiker sehen denn auch das Konzept des Supports als die zentrale Komponente der Eastonschen Theorie (Leslie 1972: 160ff; Green 1985: 135ff; Fuchs 2002: 366). Hier zeigt sich der bereits in der Einleitung angesprochene starke Bezug der Theorie Eastons zur Anwendungsforschung. Hierin gründet sich auch der große Erfolg des Modells in der Politikwissenschaft, die noch heute in vielen Studien mit dem Eastonschen Modell als Bezugsrahmen arbeitet. Besonders hervorzuheben ist hier der Versuch von Dieter Fuchs, das

2.10 Zusammenfassung

Almondsche Konzept der politischen Kultur mit Eastons Argumenten zum Stellenwert von Support im politischen System zusammenzuführen (Fuchs 1989: 12ff; 2002a).

Eine theoretische Grundlage dafür ist Eastons analytischer Systembegriff. Dieser erlaubt es etwa – wie oben kurz angesprochen – auch kognitive Einstellungen als Input in das politische System zu interpretieren. Denn in den großen quantitativen Umfragen können in erster Linie kognitive Items (Einstellungen, Werte, Präferenzen) abgefragt werden – die Erhebung von tatsächlichen politischen Interaktionen ist sehr viel komplizierter. Erst der analytische Systembegriff erlaubt es Easton, die Brücke von der Theorie zur dieser reichhaltigen empirischen Forschung zu schlagen. Ein anderer Vorteil einer analytischen Fassung von politischen Systemen ist, damit auch Entscheidungsstrukturen in wenig differenzierten Gesellschaften wie etwa in Stammesgesellschaften analysieren zu können. Easton versuchte damit auch die grundsätzliche Kompatibilität der anthropologischen Forschung mit seinem Modell des politischen Systems zu zeigen. Der empirische Bezug liegt hier auf den schwierigen Staatsbildungsprozessen in den postkolonialen Ländern vor allem in Afrika. Easton wollte sein Modell auf möglichst viele Typen politischer Systeme anwenden. Die größte Herausforderung neben den neuen Nationen in Afrika war deshalb nicht nur, demokratische Systeme, sondern auch kommunistische und diktatorische Herrschaftsstrukturen theoretisch zu fassen. Dafür musste Easton sein Modell sehr allgemein halten und Unterschiede zwischen demokratischen und anderen Systemen im Einzelfall diskutieren. Ein Beispiel dafür ist der Einfluss von Unterstützung für Autoritäten auf den politischen Prozess, der in demokratischen Systemen sehr viel direkter in Wahlen wirkt.

Das Eastonsche Systemmodell des Politischen zeichnet sich demnach unter anderem durch folgende Punkte aus: starker Anwendungsbezug, analytischer Systembegriff, Anwendung auf verschiedene Typen politischer Systeme. Diese Eigenschaften wurden auch deshalb betont, weil hier wesentliche Unterschiede zum Modell des politischen Systems bei Niklas Luhmann liegen. Der vielleicht größte Unterschied liegt aber darin, dass sich Easton allein auf das politische System konzentriert. Luhmann liefert hingegen eine allgemeine Theorie sozialer Systeme, in der das politische System nur als ein Anwendungsfall auftaucht. Dies erlaubt es, die Politik stärker als bei Easton im Kontext anderer sozialer Strukturen und Prozesse zu verorten. Es sorgt möglicherweise aber auch dafür, dass das Modell des politischen Systems abstrakter ausfällt und einen geringeren Bezug zum empirischen Objekt (und zur empirischen Forschung) aufweist. Bevor Luhmanns Theorie vorgestellt wird, soll hier aber zunächst noch die Kritik an Easton und seine Antwort darauf diskutiert werden.

2.11 Kritik

Politikwissenschaft antwortet immer auch – mehr oder weniger unmittelbar – auf die politischen Geschehnisse und Problemlagen ihrer Zeit. Die politikwissenschaftliche Forschung vom Ende des Zweiten Weltkriegs bis zur Mitte der Sechziger Jahre und auch die Theorie Eastons waren vor allem durch die historische Erfahrung der Diktaturen im nationalsozialistischen Deutschland, im faschistischen Italien und in der Sowjetunion geprägt. Andere wichtige Aufmerksamkeitspunkte waren die neuen Staaten in den postkolonialen Gebieten Afrikas. Wichtige Grundfragen zielten damit auf die Überlebensfähigkeit politischer Strukturen. Dies spiegelt sich auch in der Theorie David Eastons wider, der die Persistenz politischer Systeme zum heuristischen Ausgangspunkt seiner Überlegungen machte.

Ende der Sechziger sorgten gesellschaftliche Umwälzungen für eine Umorientierung auch in der Politikwissenschaft. Der Vietnam-Krieg, die Studenten- und die Bürgerrechtsbewegung brachten neue Probleme auf die gesellschaftliche Tagesordnung: Emanzipationsfragen, Fragen des Verhältnisses zwischen Bürger und Staat, Fragen der sozialen Gerechtigkeit für Afro-Amerikaner und Frauen und die Kriegsproblematik. In der Politikwissenschaft sorgte dies für eine Abwendung vom Stabilitätsproblem hin zu anderen Fragestellungen. Es ging jetzt um die Bearbeitung konkreter gesellschaftlicher Probleme, um Politik als Widerstreit von Akteuren wie etwa den sozialen Bewegungen – und nicht zuletzt um die normative Frage nach der Grundorientierung von Politik. Der Behavioralismus und die Theorie Eastons wurden schnell als Ausdruck der etablierten Politikwissenschaft ausgemacht, die unkritisch zur bestehenden politischen Ordnung stünde. David Eastons Theorie des politischen Systems fungierte damit für eine Generation von jungen Politikwissenschaftlern als Feindbild, als Standard des Etablierten, gegen den sie sich definierten (Strong 1998: 268; Baker et al. 1972). Das Ziel war jetzt eine kritisch-emanzipatorische Politikwissenschaft, die normative Ideale zum Bestandteil ihrer Analyse machte und die sich um konkrete Probleme kümmerte, statt um abstrakte theoretische Modelle.

Ironischerweise wurde David Easton genau zum Höhepunk dieser Bewegung gegen Ende der Sechziger zum Präsidenten der *American Political Science Association* gewählt. In seiner Antrittsrede als Präsident gab er zu, dass angesichts schwerwiegender gesellschaftlicher Krisen einige Kritikpunkte am bisherigen Behavioralismus berechtigt wären und forderte eine graduelle Umorientierung (Easton 1969). So konzedierte er, dass sich der Behavioralismus zu sehr auf die Ausarbeitung einer Grundlagentheorie konzentriert hätte. In der damaligen Krisensituation wäre aber stärker direkte Forschung über drängende gesellschaftliche Probleme nötig. Andererseits müssten auch normative Fragen wieder in den

2.11 Kritik

Mittelpunkt der politischen Theorie gestellt werden. Damit wiederholte er Positionen, die er bereits im frühen Artikel *The Decline of Modern Political Theory* eingenommen hatte (1951): Analytische Modelle und normative Orientierung seien gleichberechtigte Aufgaben der politischen Theorie. Allein das Verhältnis zwischen beiden müsste eben der jeweiligen politisch-gesellschaftlichen Situation angepasst werden. Angesichts der Situation gegen Ende der Sechziger sei eine Umorientierung nötig, die Easton als ‚Post-Behavioralismus' kennzeichnete.

Mit diesem Statement ging Easton deutlich auf die Kritiker des Behavioralismus zu. Diese zeigten sich damit jedoch nicht zufrieden: Eastons *Presidential Address* wurde als Eingeständnis des Scheiterns des Behavioralismus gewertet und als Zeichen der Inkonsistenz des Eastonschen Werks. Einzelne Kritikpunkte und Eastons Antworten sollen im folgenden genauer diskutiert werden. Es geht dabei nicht nur um ein Verständnis der Eastonschen Theorie, sondern auch um ihre Wirkungsgeschichte, die wesentlich an die skizzierte politisch-gesellschaftliche Situation gekoppelt war:

(a) Einen recht originellen Kritikpunkt trägt John Astin in einem Artikel mit dem vielsagenden Namen *Easton I and Easton II* vor (1972). Er kritisiert an Easton eine Inkonsistenz in seinem Systembegriff. So formuliert er: „unknown to Easton himself – there are two David Eastons. One is a mechanist, the other a vitalist." (Astin 1972: 726) Demnach fänden sich in Eastons Werk zwei unterschiedliche Systembegriffe: Der eine wäre organizistisch und entstamme aus der biologischen Systemtheorie. Ein zweiter, mechanistischer Systembegriff hätte seine Wurzeln in der Kybernetik – also in der Steuerungslehre von Maschinen. Das politische System würde demnach wahlweise mit einem lebenden Organismus verglichen, der dynamische Eigenschaften habe – oder mit einer statischen Maschine.

Diese Kritik ist theorie-immanent formuliert und sieht in Eastons Arbeiten „zwei inkompatible Denkweisen im Widerstreit". Tatsächlich entlehnt Easton Begriffe und Konzepte aus beiden Richtungen der Systemtheorie: So stammen die Begriffe ‚Input' und ‚Output' aus der Kybernetik und suggerieren ein mechanistisches Systemmodell. Inputs würden demnach routinemäßig in Outputs umgewandelt, so wie in einer Fabrik (Astin 1972: 730f). Das damit verknüpfte statische Systemmodell lehnt Easton jedoch ab und spricht stattdessen von Lernprozessen über den Feedback Loop. Über die Rückwirkungen der eigenen Outputs auf das System können sich auch die Strukturen desselben ändern. Im Ergebnis kann dann ein und dieselbe Forderung als Input des politischen Systems zu einem späteren Zeitpunkt zu einer ganz anderen Reaktion des Systems (Output) führen. Diese Konzepte des Lernprozesses und des Feedback Loops sprechen eher für ein organizistisches Systemmodell, in dem Systeme sich ändern und weiter entwickeln können – ja sogar müssen, um veränderten Umweltbedingungen gerecht zu werden.

In der Tat entlehnt Easton seine Konzepte aus verschiedenen Ausrichtungen der allgemeinen Systemtheorie. Allerdings wirkt das Gesamtkonzept deutlich organizistisch – und die kybernetischen Begriffe Input und Output nutzt Easton nur, um sein dynamisches Systemkonzept zu illustrieren. Zudem geht es Easton nicht um eine Allgemeingültigkeit seines Systemmodells, sondern lediglich um den Fall des politischen Systems. Zu fragen ist, ob hier nicht die Anleihen aus verschiedenen Systemmetaphern erlaubt sind – solange das Konzept für den spezifischen zu untersuchenden Fall der Politik analytisch hilfreich ist. Astin kritisiert eine theoretische Beliebigkeit an Eastons Modell, ohne dabei jedoch grundsätzlich die analytische Potenz desselben in Frage zu stellen. Die eigentlichen Kritikpunkte Astins zielen ohnehin in eine andere Richtung: Easton vernachlässige den Faktor Macht, fordere eine empirische Theorie (die er in seinen Arbeiten nicht einlöse) und nehme soziale Bewegungen und einzelne Individuen als politische Akteure nicht ernst (Astin 1972: 728, 730, 737; s.o. 2.3.).

(b) Damit zielt Astin auf einen zweiten Komplex von Kritik, der in der Wirkungsgeschichte des Eastonschen Modells wesentlich wichtiger einzuschätzen ist als mögliche Inkonsistenzen im Modell: die Betonung von Strukturen oder Akteuren im politischen Prozess. Astin verweist in diesem Zusammenhang auf die *Presidential Address* Eastons von 1969, in der er eine stärkere Konzentration auf konkrete politische Probleme fordert. Dies sieht Astin als einen Ausweis eines dritten Eastons, der Akteure nun nicht mehr als unbedeutende ‚Ziffern' im politischen System sehe, sondern als „efficacious moral agent in a movement dedicated to social change" (Astin 1972: 737) Nicht die Strukturen des Systems wären demnach die entscheidende Kraft im politischen Prozess, sondern die Handlungen von individuellen und kollektiven Akteuren. Dies sei aber noch stärker inkompatibel mit Eastons 1965 formulierten Systemmodell als die zuvor vermeintlich aufgedeckten internen Inkonsistenzen.

Dieser Kritikpunkt Astins ist in einem weiteren Kontext der intellektuellen Debatte ab der Mitte der Sechziger Jahre zu verorten: der Structure/Agency-Debatte (Giddens 1979: 49ff; Alexander et al. 1987; Almond 1995; Easton 1997: 18ff). Während in der unmittelbaren Nachkriegszeit wie oben skizziert Systemmodelle die sozialwissenschaftlichen Theorien dominierten, hoben ab der Mitte der Sechziger immer mehr Sozialwissenschaftler die Rolle von Individuen und Handlungen hervor (Wrong 1961; Homans 1964). Das grundlegende Credo war, dass nicht unpersönliche Strukturen den Gang der Dinge bestimmten. Sondern es seien im Gegenteil menschliche Akteure, die ihr Schicksal in der Hand hätten und mit ihren Handlungen auch gesellschaftliche Strukturen aufrecht erhielten

2.11 Kritik

oder änderten. Damit wurde nicht zuletzt auf die Veränderbarkeit sozialer Missstände gezielt – so lange die Menschen nur moralisch handelten.

Dieser Post-Behavioralismus (wie Easton ihn genannt hat) zeigte sich in verschiedenen Schattierungen: Auf einer Seite standen Neo-Marxisten, die die Rolle von sozialen Bewegungen und von gesellschaftlichen Machtkonstellationen betonten. Auf einer zweiten versammelten sich Rational-Choice-Theoretiker, die die individuelle Nutzenmaximierung für den Schlüssel zum Verständnis sozialer und politischer Prozesse hielten. Und drittens sind qualitativ ausgerichtete Sozialwissenschaftler zu nennen, die den Menschen mit seinen Vorstellungen und Motiven in den standardisierten Massenumfragen nicht recht ernst genommen sahen. Gemeinsam war diesen Strömungen lediglich, dass sie den Behavioralismus in der Politikwissenschaft und den Strukturfunktionalismus in der Soziologie als zu sehr auf unpersönliche gesellschaftliche Strukturen konzentriert sahen – nicht das ‚System' wäre die entscheidende Komponente sozialer Prozesse, sondern der menschliche Akteur.

Ob diese Kritik am Strukturfunktionalismus von Parsons gerechtfertigt war oder nicht, kann hier nicht diskutiert werden. Ich möchte stattdessen kurz das Verhältnis zwischen individuellen Akteuren und politischem System bei Easton diskutieren, so wie es oben vorgestellt wurde. Wie gesagt spricht Easton erst von Aktionen, später von Interaktionen als den Grundelementen des Systems (s.o., 2.4.d). Zugleich betont er immer wieder, dass die Menschen den Prozessen im politischen System nicht hilflos gegenüberstehen, sondern reflexiv mit ihren Handlungen diese Prozesse und damit letztlich auch das System formen. Nicht zuletzt deshalb betrachtet er beim Support gedankliche Dispositionen der Bürger als Input ins politische System (s.o., 2.7.c). Insofern betrachtet er Handlungen und Motive nicht als unwichtig – sondern gerade als die Einheiten, die das System konstituieren. Er gehört damit in eine sozialwissenschaftliche Tradition, die soziale Strukturen durch individuelle Handlungen gebildet sieht – und umgekehrt Handlungen als stark durch Strukturen geprägt (Boudon 1977; Giddens 1984: 1ff; Coleman 1990).

Andererseits beschreibt Easton an anderer Stelle, dass es auf die konkreten Motive der Autoritäten gar nicht ankomme – wenn sie überleben wollten, müssten sie die Forderungen von Seiten der relevanten Mitglieder des System befriedigen (um so politische Unterstützung auf sich zu ziehen; s.o., 2.8.IV). Hier entfernt er sich von der Handlungstheorie und stützt sich ansatzweise auf eine evolutionäre Perspektive von Systemprozessen: Strukturen entwickeln sich demnach nach den Anforderungen im System – die individuellen Motive bleiben demgegenüber nachgeordnet. Dies erinnert aber auch an neuere Formen der Rational Choice-Theorie: Die unmittelbaren Motive des Handelnden spielen etwa bei Hartmut Esser eine untergeordnete Rolle. Stattdessen wird das Handeln so modelliert, *als ob* Akteure immer (im Kontext von systemischen Strukturen) ihren Nutzen maximierten (Esser 1996: 31). Insofern zielt die Kritik darauf, dass eben nicht der Mensch mit seinen Motiven und Handlungen der analytische Ausgangspunkt der Theorie ist – sondern das System beziehungsweise die sozialen Strukturen, die Handeln wesentlich vorprägen sollen. Dies muss man für Easton so zugeben. Allerdings zielt auch dieser Kritikpunkt bei Astin im Grunde nicht auf die Adäquanz des Eastonschen Modells für politische Analysen. Sondern es wird moniert, dass eine solche Perspektive unmenschlich und unmoralisch wäre.

(c) Eng verknüpft mit dem Verhältnis zwischen Akteuren und Strukturen ist damit der dritte Kritikpunkt: Vor allem Eugene Miller wirft Easton in aller Deutlichkeit eine fehlende normative Orientierung seiner Arbeit vor (Miller 1971: 193, 210ff, 228ff). David Easton hatte vor allem in seinem frühen Aufsatz *The Decline of Modern Political Theory*, aber auch in seiner *Presidential Address* die normative Orientierung als eine der wichtigsten Aufgaben der politischen Theorie postuliert (s.o.). Wertfragen sollten sogar wie noch bei den Klassikern (z.B. John Locke) in enger Verknüpfung mit analytischen Aussagen über Kausalzusammenhänge stehen (Easton 1951: 37ff). In seiner zwischenzeitlichen Arbeit tauchen Wertfragen aber allenfalls am Rande auf – hier dominieren analytische, wertfreie Aussagen über Systemprozesse. Das liegt auch daran, dass er nicht individuelle Handlungen sondern die Persistenz des Systems als grundlegenden Bezugspunkt wählt.

Eugene Miller kritisiert hier einerseits eine Inkonsistenz in der theoretischen Arbeit von David Easton (Miller 1971: 187ff; 206ff). Wichtiger und ernster zu nehmen ist aber sein zweiter Kritikpunkt: In Anlehnung an Aristoteles argumentiert Miller, dass Easton künstlich zwischen ‚dem Politischen' und allen anderen sozialen Aktivitäten unterscheide (Miller 1971: 222ff). Nur deswegen könne Easton überhaupt eine ‚unpolitische' Theorie des Politischen formulieren. Da aber der Mensch und die von ihm gebildete Polis ihrem Wesen nach ‚politisch' seien, wäre auch jede wissenschaftliche Theorie zugleich ein Ausdruck von Interessen und Bestandteil des politischen Wechselspiels. Eine ‚neutrale' Theorie sei deshalb nicht möglich. Und Eastons Ausgangspunkt der Persistenz des politischen Systems sei vor diesem Hintergrund als moralisch verfehlt zu verwerfen. Miller illustriert dies an der Behandlung von politischem Wandel durch Easton:

So hatte Easton ausgeführt, dass der Übergang von der Weimarer Republik zum Nationalsozialismus immer noch als Persistenz eines politischen Systems zu sehen ist (Easton 1965: 84, 89, 98). Die Machtergreifung Hitlers wäre demnach lediglich eine Reaktion des politischen Systems auf veränderte Inputs. Der liberale Politiker und politischer Soziologe Ralf Dahrendorf wertete dies als „läppische und fast schon unmenschliche Art ..., jene dramatischen Wandlungen in der Verfassung und Substanz der deutschen politischen Ordnung zu beschreiben" (Dahrendorf 1967: 307). David Eastons Behandlung vor allem von politischem Wandel befriedige deswegen nicht. Denn es fehlten normative Kriterien dafür, ob etwa ein Wandel von einem demokratischen zu einem autoritären System wünschenswert ist oder nicht (Dahrendorf 1967: 307f; Miller 1971: 233).

David Eastons Antwort auf diesen Vorwurf lautet, dass er selbst die Suche nach ethischen Kriterien zwar für eine Aufgabe der politischen Theorie hält (Easton 1973: 269ff). Er habe sich aber auf die Ausformulierung eines analytischen Modells konzentriert. Und beide Aufgaben seien zu trennen, da ethische Kriterien weder bei der wissenschaftlichen Analyse hülfen noch selbst wissenschaftlich überprüft werden könnten. Insofern zielt die Kritik an Easton darauf, dass dieser die normative Seite in seiner Theorie ausblendet – was dieser aber gerade für richtig und wichtig hält. Die eigentliche Kernfrage lautet also: Muss Wissenschaft moralisch sein? Oder müssen Wissenschaft und Moral nicht im Gegenteil voneinander getrennt werden? Damit steht die Diskussion um Eastons Werk in einem größeren Zusammenhang, der als Positivismusstreit oder Behavioralismus-Kontroverse bezeichnet wird (Adorno et al. 1972; Falter 1979; Falter 1982). Dieser dreht sich um die Kernfrage, ob wertfreie wissenschaftliche Urteile überhaupt möglich sind – oder ob nicht gerade die Aussagen der Politikwissenschaft immer auch politisch sind. David Easton hat versucht, ein wertneutrales Modell des politischen Prozesses zu entwerfen. Und seine Kritiker sehen genau hierin eine kritiklose Haltung und letztlich eine implizite Unterstützung jedweden politischen Systems.

(d) Die Kritik an der Theorie Eastons fiel insgesamt sehr harsch aus. Dies hat sicherlich mit der zentralen Stellung des Eastonschen Systemmodells in der Politikwissenschaft der Sechziger und frühen Siebziger Jahre zu tun und mit der Neuorientierung von vor allem jungen Sozialwissenschaftlern in der Folge der Studentenbewegung. Insofern zielte die Kritik nicht nur auf die inhaltlichen Aussagen von Easton, sondern auch auf die Grundausrichtung der Politikwissenschaft insgesamt. Viele der Kritiker schossen dabei über das Ziel hinaus und benutzten Easton lediglich als ein Feindbild, von dem sie sich abgrenzen und gegen das sie sich profilieren wollten. Insofern müssen die einzelnen Kritikpunkte nicht nur genauer diskutiert, sondern auch in den zeitlichen Kontext eingeordnet werden.

Ebenfalls ein Problem der Kritik an Easton ist, dass er oft allein wegen der Benutzung des Systembegriffs in die Nähe zum Strukturfunktionalismus von Parsons gestellt wurde. Obwohl Easton selbst den Funktionsbegriff vermeidet, unterstellt ihm zum Beispiel Jerone Stephens eine funktionalistische Argumentation (Stephens 1969: 384ff). Ich habe dagegen oben argumentiert, dass Easton zwar (implizit) das politische System auf einen Bezug zur Funktion des kollektiv bindenden Entscheidens fundiert – dass er aber in diesem Funktionsbezug lediglich eine empirisch beobachtbare Ausrichtung von Interaktionen sieht und eben keine funktionalistische Argumentation wie Parsons oder Merton vornimmt (s.o., 2.4.b.). Henrik Bang hat in einem 1998 erschienenen Artikel denn auch verdeutlicht, dass Easton zu Unrecht in die Nähe von Parsons gerückt wurde und sowohl in seinem Modell als auch in seiner wissenschaftstheoretischen Ausrichtung sogar eine Nähe zu ‚postmodernen' Gedanken aufweist.

Vor allem die letzten beiden Kritikpunkte (Betonung von Strukturen gegenüber individuellen Handlungen, Trennung von Wissenschaft und Moral) und die von den Kritikern postulierte Nähe zum Strukturfunktionalismus von Parsons haben dafür gesorgt, dass sich die politische Theorie von David Eastons Modell des politischen Systems entfernt hat. Seit den Sechziger Jahren dominieren hier stärker Gerechtigkeitsfragen – etwa mit den Gerechtigkeitstheorien von John Rawls und Michael Walzer. Aber auch die Frage des Verhältnisses von Individuum und Gemeinwesen ist unter dem Stichwort ‚Kommunitarismus' ausführlich diskutiert worden. Daneben stehen die Entwicklungen der Rational Choice-Theorie und des Postmodernismus (Easton 1997: 27ff, 34ff). Rational Choice versucht eine formale Modellierung von individuellem und kollektivem Handeln und will darüber politische Strukturen und Prozesse erklären. Demgegenüber zweifeln die Theoretiker der Postmoderne (Lyotard, Derrida etc.) das Unternehmen einer positivistischen Wissensgewinnung (wie auch das einer universalen normativen Theorie) überhaupt an. Insgesamt ist damit eine deutliche Fragmentierung der politischen Theorie zu beobachten (Easton 1997: 16ff, 25f) – in der das Konzept des politischen Systems nur noch eine untergeordnete Rolle spielt.

Andererseits arbeiten stärker anwendungsbezogene Zweige der Politikwissenschaft weiterhin mit dem Modell, das Easton in den Sechzigern entworfen hat und das bisher nur leicht abgewandelt wurde. Vor allem sind hier die großen Ländervergleiche zu nennen, die in der Tradition von Gabriel Almond stehen. Andere Zweige (etwa die Analyse internationaler Beziehungen oder die Policy-Forschung) nutzen eigene Theorien, die zum Teil nur für einen sehr begrenzten Anwendungsbereich haben. Das Gesamtbild der Politikwissenschaft ist demnach das einer ‚in einzelne Schulen und Sekten aufgeteilten Disziplin' (Almond 1990). Das Projekt einer einigenden theoretischen Perspektive durch ein allgemeines Modell des politischen Systems ist also bisher gescheitert. Und in der politischen Theorie selbst wird an einem solchen Universalmodell auch kaum noch gearbeitet. Weiterentwicklungen des Systemmodells kamen deshalb vor allem aus dem Anwendungsbereich und aus einer ganz anderen Richtung: Innerhalb der Soziologie hat Niklas Luhmann in einem umfangreichen Theoriepro-

2.11 Kritik

gramm ein neues allgemeines Modell sozialer Systeme vorgelegt. Das politische System war hier nur ein Anwendungsfall neben anderen (Wirtschaft, Wissenschaft, Recht, Organisationen, Interaktionen, etc.). Die Ausgefeiltheit dieser Theorie – gerade auch für das politische System – macht sie aber zu einer ernstzunehmenden Konkurrenz des Eastonschen Modells. Sie soll im Folgenden – mit Betonung der Parallelen und der Unterschiede zu Easton vorgestellt werden.

3 Niklas Luhmann

3.1 Biographie

Niklas Luhmann wurde 1927 in Lüneburg geboren und wuchs dort bis zu seinem 17. Lebensjahr auf. Gegen Ende des Zweiten Weltkriegs wurde er Luftwaffenhelfer, von 1946 bis 1949 studierte er in Freiburg Jura. Anschließend arbeitete Luhmann nahezu zehn Jahre lang in der Landesverwaltung Niedersachsens, hauptsächlich im Kultusministerium. Aber schon in dieser Zeit ging er neben seiner Arbeit dem Studium soziologischer und philosophischer Texte nach (Luhmann 1987: 132). 1960 bis 1962 ließ sich Luhmann beurlauben, um an der Harvard University bei Talcott Parsons Soziologie und Verwaltungswissenschaften zu studieren. Die strukturfunktionalistische Systemtheorie von Talcott Parsons wurde zu einer der wichtigsten Einflüsse für das Denken Luhmanns. Allerdings setzte er sich schon in den Arbeiten aus jener Zeit (etwa zum Funktionsbegriff; 1962) deutlich von seinem Lehrer ab, um eine eigenständige Theorie zu entwickeln. Niklas Luhmann berichtete in einem Interview, wie er in Gesprächen Parsons seine Sicht des Sozialen darlegte. Dieser meinte, die Gedanken Luhmanns ohne weiteres in sein Theoriegebäude einbauen zu können: „It fits quite nicely!" Luhmann sah aber damals schon, dass die Konsequenzen seiner Überlegungen vom Parsonsschen Strukturfunktionalismus weg führen (1987: 133).

1962 kehrte Luhmann nach Deutschland zurück – allerdings nicht, um seine Verwaltungstätigkeit wieder aufzunehmen. Stattdessen wurde er Referent an der Verwaltungshochschule in Speyer. Gefördert vor allem von Helmut Schelsky – einem der führenden (dem konservativen Lager zugerechneten) Soziologen der Nachkriegszeit – wechselte Luhmann 1965 an die Sozialforschungsstelle in Dortmund und wurde 1968 erster ordentlicher Professor an der neugegründeten Universität Bielefeld. In Bielefeld blieb er (von kürzeren Auslandsaufenthalten abgesehen) bis zu seiner Emeritierung im Jahr 1993. 1998 starb Luhmann 70jährig in seinem Wohnort Oerlinghausen in der Nähe von Bielefeld.

3.2 Von Easton und Parsons zu Luhmann

Die Werkgeschichte von Niklas Luhmann fängt an, als die David Eastons auf dem Höhepunkt ist: Nur zehn Jahre später geboren, beginnt sein wissenschaftliches Wirken in den Sechzigern und steht von Anfang an in enger Auseinander-

3.2 Von Easton und Parsons zu Luhmann

setzung mit dem, was Easton die post-behaviorale Bewegung genannt hat. Ein Vortrag Luhmanns auf dem Frankfurter Soziologentag von 1968 wird zum Ausgangspunkt einer langwierigen Auseinandersetzung mit Jürgen Habermas, dem wichtigsten Vertreter der Kritischen Theorie in der Tradition von Theodor W. Adorno und Max Horkheimer. Niklas Luhmann wird zum großen Kontrahenten von Habermas, und die gemeinsame Publikation *Theorie der Gesellschaft oder Sozialtechnologie – was leistet die Systemforschung?* (1971) etabliert Luhmann als Systemtheoretiker auf der Bühne der Sozialwissenschaften. Rudolf Stichweh sieht das Werk Niklas Luhmanns nicht nur deswegen eng verknüpft mit der Kritischen Theorie und der Renaissance des Marxschen Gedankenguts: Luhmanns Theorie sei in der Folge der 68er-Bewegung auch deswegen populär geworden, weil sie das leiste, was die Marxsche Theorie verspreche, aber nicht mehr halten könne: eine systematische Beschreibung der Gesamtgesellschaft der Gegenwart (Stichweh 1999: 207). Vor allem die Kontroverse mit Habermas hat aber auch dafür gesorgt, dass Luhmann stark als konservativer Denker wahrgenommen wurde – während er sich selbst primär als Wissenschaftler jenseits von politischen Positionierungen sah (Kneer / Nassehi 1993: 11; Brodocz 2001: 466).

Die intellektuelle Entwicklung von Luhmanns Werk ist stark von Talcott Parsons geprägt. Parsons war zunächst sein Lehrer, bevor Luhmann sich immer deutlicher von dessen strukturfunktionalistischem Theorierahmen löste. Im Ergebnis entstand in den 80er und 90er Jahre eine Theorie der Gesellschaft als komplexes Gefüge sich selbst re-produzierender Kommunikationssysteme von alltäglichen Begegnungen über Unternehmen und soziale Bewegungen bis hin zu Wirtschaft, Recht und Wissenschaft. Die Politik ist (wie bei Parsons) nur ein System neben anderen, dem Luhmann in seinem beeindruckenden Gesamtwerk allerdings weit mehr Aufmerksamkeit schenkt als etwa der Wirtschaft oder der Familie. Aber gerade weil Luhmann die Politik nicht isoliert betrachtet (sondern immer im Rahmen anderer gesellschaftlicher Prozesse), gilt er heute als einer der wichtigsten Theoretiker der deutschsprachigen Politikwissenschaft. Eine systematische Aufarbeitung des Luhmannschen Beitrags für die Politikwissenschaft steht aber erst am Anfang (Göbel 2000) – zum einen, weil sein Hauptwerk zum politischen System erst 2000 posthum erschienen ist; zum anderen, weil sich sein verschlungenes komplexes Denksystem den üblichen Kategorien und Arbeitsweisen der Politikwissenschaft entzieht und den nicht systemtheoretisch denkenden Sozialwissenschaftler vor eine Reihe schwieriger Aufgaben stellt.

3.3 Werkbiographie

Luhmanns Arbeiten drehten sich in den 60er und frühen 70er Jahren zunächst (von einigen allgemeinen Abhandlungen der soziologischen Theorie abgesehen) sehr stark um sein ursprüngliches Arbeitsfeld: das Wechselspiel von Verwaltung, Recht und Politik. So machte er immer wieder deutlich, dass die alltäglichen Vorstellungen einer politischen Selbststeuerung der Gesellschaft sowohl in der Politik als auch in der Verwaltung immer wieder auf Widerstände treffen. Politik und Verwaltung fasst er als Systeme, die im Spiel der politischen Kräfte ganz eigene Dynamiken bilden – und nicht immer das tun, was ihnen vom politischen Publikum als Aufgabe gestellt wird. Dieser Grundgedanke wird erstmals deutlich formuliert in seinem Aufsatz *Soziologie des politischen Systems* (Luhmann 1968; Hellmann 2002: 14ff). Er prägt aber auch die 1971 erschienene Aufsatzsammlung *Politische Planung. Aufsätze zur Soziologie von Politik und Verwaltung*.

Neben den genannten kürzeren Abhandlungen publizierte Luhmann in jener Zeit zwei kurze Monographien, die sich mit zentralen Konzepten der politischen Theorie auseinander setzten. Zunächst erschien 1968 ein Band zu Vertrauen, der die inzwischen enorm umfangreiche politisch-theoretische Vertrauensdiskussion wesentlich mitgeprägt hat (1968a). Danach veröffentlichte Luhmann 1975 eine Abhandlung über den Machtbegriff, der seitdem als eines der zentralen Konzepte in seiner Theorie des politischen Systems fungiert. Luhmanns Machttheorie baut zwar auf der Theorie der Austauschmedien von Talcott Parsons (1969: 352ff) auf, geht aber wesentlich über diese hinaus. Macht wird bei Luhmann nicht mehr zu einem Mechanismus des Austauschs zwischen gesellschaftlichen Subsystemen, sondern zirkuliert allein im politischen System und sichert so dessen Zusammenhalt. Damit grenzt sich Luhmann aber auch deutlich von Easton ab, der den Machtbegriff als unbrauchbar abgelehnt und seine Theorie des politischen Systems ohne diesen Begriff gebaut hatte (s.o. 2.3.; Easton 1953: 115ff).

Damit verknüpft ist bei Luhmann eine grundlegende Umstellung in der soziologischen Systemtheorie: So betrachtet er nach jahrelangem Schwanken seit Beginn der 80er Kommunikation und nicht mehr Handlung als Grundelement sozialer Systeme. Zudem konzipiert er soziale Systeme nicht mehr als offene Systeme, sondern als selbstreferentiell geschlossene Systeme, die mit ihren Operationen (Kommunikationen) immer nur an vorangegangene eigene Operationen anschließen können. Im Anschluss an Arbeiten aus der Neurobiologie spricht Luhmann hier von *Autopoiesis* bzw. *autopoietischen* (sich selbst erschaffenden) *Systemen*. Die Konsequenzen dieser beiden Theorieentscheidungen fasste Luhmann zunächst allgemein unter dem Titel *Soziale Systeme* zusammen (1984). Danach wandte er sich der Ausformulierung seiner Theorie für die verschiedensten gesellschaftlichen Bereiche zu. Das sich aus diesen Umstellungen ergebende

3.3 Werkbiographie

Zentralproblem sozialer Systeme – die Sicherung des Anschlusses von Kommunikation an vorhergehende Kommunikation – wird im politischen System vor allem über das politische Medium Macht gelöst.

In den Achtzigern erschienen aber auch zwei Bücher, die auf neuartige politische Probleme der Zeit reagierten: Einerseits stand der Wohlfahrtsstaat angesichts von Wirtschaftskrisen unter Finanzierungsdruck. Auch Jürgen Habermas sah darin eine Krise des Wohlfahrtsstaates, die er etwa auf Probleme der Abstimmung zwischen Marktstrukturen in der Wirtschaft und Legitimationsbedürftigkeit von politischer Macht zurückführte (Habermas 1973). Luhmanns Antwort in *Politische Theorie im Wohlfahrtsstaat* (1981) entspricht ganz dem zuvor festgelegten Duktus seiner Theorie: Die Politik sei nur ein Funktionssystem neben anderen (Wirtschaft, Recht, Wissenschaft, etc.) und würde in der Gegenwart allzu sehr zur Befriedigung immer neuer Ansprüche missbraucht. Politik könne in komplexen Gesellschaften nicht mehr als allzuständig für auftauchende Probleme betrachtet werden:

„Einerseits wird die Politik ... zum Letztadressaten für selbst erfahrene oder angelesene Unbill – wenn nachts die Hunde kläffen oder wenn die Multis Milliarden beiseite schaffen. Andererseits sind die Einwirkungsmöglichkeiten der Politik offensichtlich beschränkt, und dies nicht nur aus Unvermögen, sondern auch aus wohlerwogenen Gründen des ‚Verfassungsstaates' und der bürgerlichen Freiheit." (Luhmann 1981: 144)

Deswegen sollte sich die Politik nach Luhmann auf ihre Kerngebiete konzentrieren und dem zwischen Parteipolitik und Interessengruppen wuchernden Anspruchsdenken eine Absage erteilen. Mit diesem restriktiven Politikverständnis skizziert Luhmann geradezu die theoretische Vorlage für den Abbau des Wohlfahrtsstaats durch Margaret Thatcher und Ronald Reagan in den Achtzigern (Lange / Schimank 2001: 66f). Er liefert damit aber auch den Anstoß für eine soziologische Debatte über die Rolle von Politik in der Gesellschaft und nach ihren Eingriffs- und Steuerungsmöglichkeiten (Lange 2002; Lange 2003; s.u., 3.9.c).

Es wäre leicht, Niklas Luhmann wegen dieser Forderung nach einem restriktiven Politikverständnis als konservativ einzuordnen. Luhmann spricht bereits in *Politische Theorie im Wohlfahrtsstaat* mit der Ökologieproblematik ein neues Aufgabenfeld der Politik an, das sich nur schwer als ‚konservativ' einstufen lässt. 1986 wird die Umweltproblematik dann Gegenstand eines eigenen Buches mit dem Titel *Ökologische Kommunikation*, in dem Luhmann seine Gesellschaftstheorie erstmals für die verschiedenen Funktionssysteme (Wirtschaft, Politik, Wissenschaft, Religion, Familie) durchspielt. Die dort zu findenden Ausführungen zum engeren Bereich des politischen Systems sind recht knapp gehalten. Aber es finden sich einige (sehr kontroverse) Überlegungen zu den Neuen Sozialen Bewegungen. Und nicht zuletzt weist das eher essayistische Buch auf eine große Stärke der Luhmannschen Theorie: Sie erlaubt die Verortung des politischen Systems als ein Teilbereich in einer Theorie der Gesamtgesellschaft und damit die Betrachtung politischer Themen (etwa der Umweltprobleme) im Wechselspiel zwischen Politik, Recht, Verwaltung, Wissenschaft, sozialen Bewegungen und Massenmedien.

Luhmann nimmt die ökologische Frage noch einmal in den 90ern im Kontext des Risikobegriffs auf (1991). Eine Gesamtschau seiner Gesellschaftstheorie findet sich schließlich in dem 1997 (ein Jahr vor seinem Tod) veröffentlichten zweibändigen *Die Gesellschaft der Gesellschaft*. Hier geht es um die komplexen Wechselverhältnisse in der Gesellschaft und ihre langfristige Entwicklung in der Moderne. Insofern sind viele Aussagen aus *Die Gesellschaft der Gesellschaft* auch für Politikwissenschaftler relevant (Greven 1998). Schon in der zweiten Hälfte der 80er und zu Beginn der 90er Jahre hat Luhmann aber eine Reihe von Aufsätzen zu einzelnen Aspekten des politischen Systems veröffentlicht: unter anderem zum Gegensatz zwischen Regierung und Opposition (1986a; 1989), zu Möglichkeiten politischer Steuerung (1988: 324ff; 1989a), zu Politikverdrossenheit und Parteien (1992), zur öffentlichen Meinung (1990a, 1992) und zur Verfassung (1990b).

Etwa zu jener Zeit entsteht auch der Großteil des Manuskripts zu *Die Politik der Gesellschaft*, das erst 2000 posthum veröffentlicht wird (aber schon vorher zirkuliert; Kieserling 2000). Dieses Buch enthält alle wichtigen Aussagen Luhmanns zum politischen System und präsentiert das sehr komplexe Bild des Politischen, das in den nächsten Abschnitten vorgestellt werden soll. Dieses Bild unterscheidet sich in vielem von jenem, das Luhmann zu Beginn seiner Arbeit etwa in *Soziologie des politischen Systems* (1971) skizzierte. Die Umstellungen in der Theorie sorgten auch für ein verändertes Bild des politischen Systems. Im Rahmen der folgenden Darstellung kann auf die einzelnen Änderungen nur am Rande eingegangen werden – vorrangig wird der Stand der Theorie in den Neunzigern referiert. Und die Entstehung dieser Theorie des politischen Systems lässt sich zeitlich im wesentlichen in den späten 80er und frühen 90er Jahren einordnen.

Eine systematische Auseinandersetzung Luhmanns mit David Easton scheint kaum stattgefunden zu haben. Lediglich in seinen frühen Arbeiten zum politischen System grenzt sich Luhmann an wenigen Stellen von Easton ab und erwähnt ihn an anderen lobend. Wesentlich ausführlicher fällt die Beschäftigung mit Parsons aus, die vor allem Unterschiede und Übereinstimmungen in den soziologischen Grundbegriffen zum Gegenstand hat. Ohnehin hat sich Luhmann in seiner Darstellung vergleichsweise wenig um die Auseinandersetzung mit den

Größen der politischen Theorie gekümmert. Stattdessen zitiert er im deutschen Sprachraum eher unbekannte Autoren wie den französischen Historiker Marcel Gauchet oder den schwedischen Organisationssoziologen Nils Brunsson, um deren Anregungen aufzunehmen. Umso wichtiger wird es, in den folgenden Abschnitten immer wieder den Vergleich zwischen den Theorien des politischen Systems bei Easton und Luhmann herzustellen. Dabei geht es nicht nur um Unterschiede, sondern auch um zum Teil überraschende Übereinstimmungen zwischen den beiden sehr unterschiedlichen Autoren.

3.4 Begriff des politischen Systems

Wie bei Easton erhalten wir wichtige Ansatzpunkte zum Verständnis der Luhmannschen Theorie in seiner Fassung des Begriffs ‚politisches System'. Wichtigster Unterschied zu Easton ist die *radikale Soziologisierung des Luhmannschen Systembegriffs*. Dazu gehören drei wichtige Punkte: Kommunikation (nicht Handlung) wird bei Luhmann zur grundlegenden Einheit sozialer Systeme (a). Zweitens entstehen soziale Systeme allgemein aus einem Bedürfnis nach Reduktion von Unsicherheit. Und das politische System differenziert sich über eine Orientierung von Kommunikation an der Funktion des kollektiv bindenden Entscheidens (b). Daraus folgt drittens, dass Systeme bei Luhmann als empirische Phänomene behandelt werden – nicht als analytische Konstrukte der Wissenschaft (c).

(a) Mit ‚radikaler Soziologisierung' ist zunächst gemeint, dass Luhmann soziale Systeme weitgehend losgelöst von individuellen Motiven und psychischen Prozessen betrachtet. Soziale Systeme bestehen bei ihm aus *Kommunikation*, nicht aus Handlungen (1984: 191ff). Während der Handlungsbegriff die Motive von individuellen Akteuren als treibendes Moment sozialer Prozesse ausmacht, legt Luhmann mit dem Kommunikationsbegriff eine andere Perspektive an: An Kommunikation sind immer mindestens zwei beteiligt – eine mitteilendes und ein verstehendes System. Und entscheidend dafür, wie Kommunikation weiter läuft, ist nicht die Intention des Mitteilenden sondern das Verstehen auf der anderen Seite. So kommt es etwa bei Wahlwerbung nicht so sehr auf die Intentionen der Werbenden an. Ausschlaggebend ist vielmehr, wie die Werbung auf der anderen Seite von den Wählern wahrgenommen wird.

Nach Luhmann entsteht in einem solchen Wechselspiel zwischen mehreren Beteiligten etwas Neues: ein soziales System, dessen Eigenschaften sich nicht alleine aus den psychischen Systemen erklären. Im Anschluss an Emile Durkheim spricht man hier von einer *Realität sui generis*, d.h. von einer neuen, emergenten Ebene über den psychischen Prozessen mit eigenen Eigenschaften und eigener Dynamik (Durkheim 1896: 9). Nach Luhmann besteht die Realität sui generis sozialer Systeme in der Eigenlogik des Anschlusses von Kommunikation an Kommunikation. Diese lässt sich in Alltagsgesprächen beobachten, wo oft Floskeln dominieren oder gar ‚ein Wort das andere gibt'. Ein sehr deutliches Beispiel für die Eigenlogik von Kommunikationsprozessen findet sich an Aktien- und Finanzmärkten: Diese folgen den Gesetzen des Marktes – ohne, dass dabei die unterschiedlichen Präferenzen der beteiligten Akteure eine große Rolle spielen.

Auch das politische System verfügt nach Luhmann über eine solche Eigendynamik – und nur daraus lassen sich ihm zufolge Tendenzen wie etwa die Ausdehnung des Wohlfahrtsstaates erklären. Ansatzweise findet sich eine solche Fassung auch bei Easton, der ja in den Sechzigern von ‚Interaktionen' statt von individuellen Handlungen als Grundeinheit des politischen Systems spricht (s.o., 2.4.d.; 2.11.b.). Andererseits fehlt es Easton an einer theoretischen Ausarbeitung dieser Position. Und an entscheidenden Stellen rekurriert er für Erklärungen immer wieder auf Akteure und ihre Motive. Im Gegensatz dazu ordnet Luhmann den menschlichen Individuen und ihren Gedanken eindeutig eine untergeordnete Rolle im politischen System (wie in allen Kommunikationsprozessen) zu: Politik folgt im wesentlichen ihrer Eigenlogik – Gedanken oder Präferenzen der Beteiligten können im selbstreferentiellen Weiterlaufen politischer Kommunikation nur ausnahmsweise und innerhalb sehr enger Grenzen Einfluss nehmen.

(b) Luhmann versucht das Entstehen von Systemstrukturen alleine aus dem ständigen Weiterlaufen von Kommunikation zu erklären. Sobald Kommunikation läuft, entstehen dabei Erwartungen über weitere Kommunikation. Wahlwerbung sorgt etwa dafür, dass Parteien nach den Wahlen an ihren Versprechungen gemessen werden. Gäbe es solche Erwartungen nicht, fehlte den Beteiligten jeder Ansatzpunkt für ihr Handeln (z.B. für die Wahlentscheidung). Luhmann greift hier eine theoretische Figur von Talcott Parsons auf (Parsons 1977: 167ff; Luhmann 1984: 148ff): Jede soziale Situation ist durch eine grundsätzliche Unsicherheit der Beteiligten gekennzeichnet. Denn alle Beteiligten haben die Möglichkeit, unterschiedlich zu handeln. Damit es überhaupt zu Kommunikation kommt, braucht man Erwartungen, an denen man sich orientieren kann. Die Bildung von überpersönlichen Erwartungsstrukturen ist dementsprechend ganz einfach ein Erfordernis des menschlichen Zusammenlebens.

Soziale Systeme haben deswegen ganz allgemein die Funktion der *Reduktion sozialer Komplexität*. Niklas Luhmann spricht hier (wie Parsons) vom Problem der *doppelten Kontingenz*: In einer sozialen Situation haben alle Beteiligten die Möglichkeit, auf verschiedene Weisen zu handeln. Um in dieser Situation

3.4 Begriff des politischen Systems

großer Unsicherheit trotzdem Handeln zu ermöglichen, braucht es Erwartungen über das Handeln seines Gegenübers und über dessen Erwartungen bezüglich des eigenen Handelns (Erwartungserwartungen). Der Aufbau und die Stabilisierung solcher Erwartungen läuft eben in der Bildung von sozialen Systemen – seien es Erwartungen im direkten Umgang miteinander (Interaktion), in formalen Organisationen wie Unternehmen oder der öffentlichen Verwaltung oder in gesellschaftlichen Strukturen wie der Wirtschaft, der Politik oder der Wissenschaft (Funktionssysteme). Interaktion, Organisation und Funktionssysteme werden von Luhmann schon früh als die drei Grundtypen sozialer Systeme gefasst, die jeweils eigene Mechanismen der Sicherung ihres Fortbestandes aufweisen (Luhmann 1975a).

Auch das politische System ist demnach eine Struktur von Erwartungen, die Kommunikation anleitet und dadurch ermöglicht. Im Umkehrschluss entsteht diese Struktur aber erst in der Kommunikation mit dem Aufbau, der Stabilisierung und der Revision von Erwartungen. Dies ist es, was Luhmann mit dem Begriff der *Autopoiesis* verdeutlichen will: Das System erschafft sich selbst – politische Kommunikation bringt einerseits Erwartungsstrukturen hervor und andererseits immer neue politische Kommunikation (1997: 65). Politische Kommunikation und Strukturen bedingen sich damit gegenseitig. Neben der allgemeinen Funktion der Erzeugung von Erwartungssicherheit hat das politische System aber noch eine Spezialfunktion inne, durch die sie sich von allen anderen sozialen Systemen unterscheidet: Politische Kommunikation dreht sich wie bei Easton um die Herstellung und Durchsetzung kollektiv bindender Entscheidungen (2000: 82ff). Allerdings spezifiziert Luhmann: Die Funktion des politischen Systems liegt im „*Bereithalten der Kapazität zu kollektiv bindendem Entscheiden*". Damit betont er,

> „dass die Funktion nicht einfach durch eine faktische Sequenz solcher Entscheidungen erfüllt werden kann, an denen man sich dann nur von Fall zu Fall orientieren könnte, sondern dass es auf Bereithalten einer entsprechenden Kapazität ankommt, mit der man auch dann rechnen kann, wenn sie nicht (vor allem: für bestimmte anstehende Themen im Moment nicht) aktualisiert wird." (Luhmann 2000: 85)

Es geht also nicht um einzelne Entscheidungen, sondern um die Aufrechterhaltung einer Instanz, die solche Entscheidungen immer wieder treffen und durchsetzen kann und wird. Dieser Funktionsbezug ist wieder nicht latent, sondern für die Beteiligten deutlich sichtbar. Die Funktion dient als ‚unverwechselbarer Bezugspunkt' im System (Luhmann 1997: 748). Nur auf Kommunikation, die auf kollektiv bindende Entscheidungen zielt, kann das System mit neuer Kommunikation reagieren. Es entstehen Strukturen, die sich auf solche Forderungen und auf die Durchsetzung der gefällten Entscheidungen spezialisieren. Voraussetzung dafür ist aber, dass sich Politik von Nicht-Politik unterscheiden lässt – politische Kommunikation von nicht-politischer Kommunikation. Die Funktion des kollektiv bindenden Entscheidens markiert also eine Differenz zwischen dem politischen System und allen anderen sozialen Strukturen (Luhmann 1997: 745ff).

Genau hierin besteht einer der wichtigsten Unterschiede zwischen den Systemtheorien von Parsons und Luhmann: Talcott Parsons hatte die fest vorgegebenen vier Funktionen des AGIL-Schemas zum analytischen Ausgangspunkt seiner Theorie gemacht und postuliert, dass sich innerhalb eines Systems immer Unterstrukturen finden lassen, die diese vier Funktionen erfüllen. Bei Luhmann erhält der Funktionsbegriff eine ganz andere Fassung: Zum einen dient jedes soziale System ganz allgemein der Reduktion der doppelten Kontingenz. Zum anderen gibt es aber Spezialfunktionen (wie das Fällen und Durchsetzen kollektiv bindender Entscheidungen in der Politik oder die Verteilung knapper Güter in der Wirtschaft). Um diese Spezialfunktionen herum kristallisieren sich in der Moderne Funktionssysteme wie die Politik, die Wirtschaft, die Wissenschaft, die Erziehung, die Kunst, die Massenmedien oder das Recht. Welche Funktionssysteme sich bilden, wird bei Luhmann nicht durch wissenschaftliche Schemata vorentschieden, sondern bleibt alleine der gesellschaftlichen Kommunikation überlassen. Easton hingegen hatte in dieser Frage bereits anders als Parsons entschieden und formulierte seine Position nicht unähnlich der von Luhmann (s.o., 2.4.a.). Allerdings fehlte es Easton an dem allgemeinen systemtheoretischen Vokabular, um seinen Funktionalismus deutlich von dem Parsonsschen Strukturfunktionalismus abzugrenzen.

(c) Ein gravierender Unterschied ergibt sich allerdings bei der Art des Systembegriffs: David Easton hatte wie Parsons für einen analytischen Systembegriff plädiert. Jede Menge empirischer Phänomene könnte vom Forscher nach Belieben zu Systemen zusammengefasst werden – wenn es denn für die Zwecke seiner Untersuchung hilfreich ist (s.o., 2.4.c.). Demgegenüber vertritt Niklas Luhmann mit aller Vehemenz einen Begriff *empirischer Systeme* (1984: 30ff). Denn um ihre Funktion der Erwartungsstrukturierung zu erfüllen, müssen soziale Systeme für die Beteiligten sichtbar sein. Das heißt: Die Grenze zwischen System und Umwelt muss in der Kommunikation immer wieder auftauchen – die Kommunikation muss also selbst zwischen System und Umwelt unterscheiden.

Nur wenn diese Unterscheidung in empirisch beobachtbarer Kommunikation tatsächlich getroffen wird, will Luhmann denn auch von einem politischen System sprechen. So ist er im Gegensatz zu Easton nicht der Meinung, dass etwa Stammesgesellschaften oder ständisch organisierte Gesellschaften über ein eigenständiges politisches System verfügen – denn in solchen lässt sich politische

Kommunikation nicht von ökonomischer und religiöser Kommunikation trennen (Luhmann 2000: 69ff). Erst wenn die Funktion des kollektiv bindenden Entscheidens zum Leitgesichtspunkt von darauf spezialisierter Kommunikation wird, differenziert sich auch ein politisches System. Die Orientierung an der Funktion ist aber nur ein Mechanismus dieser Ausdifferenzierung. Die anderen werden im folgenden Abschnitt vorgestellt.

3.5 Gemeinwohl, Macht, Regierung/Opposition, politische Programme

Wie bereits angedeutet reicht die Funktion des kollektiv bindenden Entscheidens für die Dauerhaftigkeit der Autopoiesis des politischen Systems nicht aus. Daneben existieren Luhmann zufolge eine Reihe weiterer Mechanismen, die immer neue politische Kommunikation ermöglichen: Dazu gehört etwa die Vorstellung eines Gemeinwohls, an der sich alle politische Kommunikation implizit orientiert (a). Aber auch politische Macht dient der Strukturierung politischer Kommunikation (b). Autokratische Systeme sind demnach durch den Gegensatz zwischen Macht und Ohnmacht geprägt. In demokratischen Systemen hingegen splittet sich die Spitze des politischen Systems auf in einen neuen Gegensatz: Regierung und Opposition (c). Nicht zuletzt dienen politische Programme (etwa Parteiprogramme) als Orientierungspunkte im politischen System, an denen Erwartungen festgemacht werden (d). In der systemtheoretischen Terminologie sind damit fünf Eigenschaften fast aller Funktionssysteme der modernen Gesellschaft benannt: Funktion (kollektiv bindendes Entscheiden), Kontingenzformel (Gemeinwohl), symbolisch generalisiertes Kommunikationsmedium (Macht), binärer Code (Macht/Ohnmacht, Regierung/Opposition) und Programme (Parteiprogramme).

(a) Relativ stark mit der Funktion von gesellschaftlichen Funktionssystemen verknüpft ist deren *Kontingenzformel*. Kontingenzformeln dienen allgemein dazu, der Kommunikation in einem Funktionssystem einen letzten nicht hinterfragbaren Bezugspunkt zu geben (Luhmann 1997: 470; Luhmann 2000: 118ff). Im Falle der Politik heißt diese Kontingenzformel: *Gemeinwohl* (Luhmann 2000: 120ff). Im Sinne Luhmanns ist das Gemeinwohl eine Fiktion – genauer: eine Konstruktion des politischen Systems. Niemand hat je so etwas wie das Gemeinwohl gesehen. Aber wenn man nicht annähme, dass es so etwas wie ein Wohl der Allgemeinheit gäbe, entfiele auch die Legitimation für kollektiv bindende Entscheidungen. Eine Herrschaft des Kollektivs über den Einzelnen lässt sich nur rechtfertigen, indem man auf das Wohl der Allgemeinheit verweist. Insofern ist das Gemeinwohl eine Erfindung des politischen Systems – aber ohne

Gemeinwohl gäbe es keine Politik. Denn jede politische Kommunikation verweist immer auf das Gemeinwohl um deutlich zu machen: Hier liegt ein Bedarf an kollektiv bindenden Entscheidungen. Das Gemeinwohl ist demnach vergleichbar mit der Konstruktion von Knappheit in der Wirtschaft, von Gerechtigkeit im Rechtssystem oder von Gott in der Religion. Alle diese Kontingenzformeln fungieren nach Luhmann als letzter Bezugspunkt der Kommunikation im jeweiligen Funktionssystem, indem sie im System dessen Funktion für die Gesamtgesellschaft repräsentieren.

(b) *Symbolisch generalisierte Kommunikationsmedien* bilden eine weitere Grundlage von Funktionssystemen. Alle Kommunikation im politischen System basiert auf dem Medium der Macht (Luhmann 2000: 18ff). Damit baut Luhmann auf der Theorie von Talcott Parsons auf, der schon Macht als das Interaktionsmedium des politischen Systems bezeichnet hatte (Parsons 1969: 352ff). Genau wie Parsons sieht Luhmann Macht als ein Medium zur Strukturierung von Kommunikation und darin vergleichbar etwa dem Geld in der Wirtschaft. Allerdings bestehen auch deutliche Unterschiede in den beiden Machttheorien: Für Parsons leisten solche Austausch- oder Interaktionsmedien den Austausch von Informationen und Kontrolle zwischen den Funktionssystemen der Gesellschaft. Luhmann hingegen spricht von Geld und Macht als symbolisch generalisierten Kommunikationsmedien und sieht deren Leistung in einer spezifischen Lösung von sozialer Unsicherheit.

Wie oben angesprochen muss alle Kommunikation das Problem der *doppelten Kontingenz* lösen. Soziale Situationen müssen durch Erwartungen vorstrukturiert werden, sonst wird Handeln unwahrscheinlich. Um etwa den Zugriff auf knappe Güter zu regeln oder um kollektiv bindende Entscheidungen zu treffen und durchzusetzen, genügt es nicht, auf die Knappheit von Gütern oder auf das Gemeinwohl zu verweisen. Stattdessen werden die Zugriffe auf Güter über die Verteilung von Geld gelöst: Zur Zirkulation von Waren werden in der Wirtschaft Symbole etabliert, die ‚generalisiert' (losgelöst von Herkunft und Besitzer) für Waren eingetauscht werden können (Luhmann 1988: 236ff). Ähnlich sieht es in der Politik aus: Uneinigkeit beim Fällen und Durchsetzen kollektiv bindender Entscheidungen wird durchbrochen, indem bestimmte Positionen mit formalen Befugnissen ausgestattet werden. Die dadurch entstehende Macht- und Kompetenzstruktur reguliert politische Kommunikation und reduziert damit die doppelte Kontingenz im politischen System (Luhmann 1975: 7ff).

Um eine solche Strukturierung von Kommunikation zu erreichen, baut Macht auf Sanktionen auf (Luhmann 1975: 23f; 2000: 44ff). Dabei gilt allgemein, dass der Machtüberlegene mit negativen Sanktionen droht oder positive Sanktionen in Aussicht stellt, um damit die Handlung des Machtunterlegenen zu

3.5 Gemeinwohl, Macht, Regierung/Opposition, politische Programme

beeinflussen. Macht ist also von Zwang unterschieden, denn der Machtunterlegene hat immer noch die Wahl, dem Willen des Machtüberlegenen zu folgen oder die negativen Sanktionen in Kauf zu nehmen (bzw. die positiven Sanktionen nicht zu erlangen). Macht in Organisationen beruht typischerweise auf positiven Sanktionen. Über die Zuteilung von Geld in Form von Gehältern werden die Angestellten zu Verhalten im Sinne der Organisation animiert. Die Politik hingegen baut vor allem auf *negativen Sanktionen* auf: Die Macht der Politik über die Bürger beruht auf der Androhung von *Gewalt* (Luhmann 2000: 48f).

Wer die Regeln des politischen Gemeinwesens nicht befolgt, muss mit Verhaftung und polizeilichem Gewahrsam rechnen. Dazu braucht es aber – im Sinne Max Webers – eine Monopolisierung der physischen Gewaltmittel in einer Gesellschaft durch das politische System (Luhmann 2000: 55ff). Stehende Heere und ein organisierter Polizeiapparat sind Voraussetzung eines eigenen politischen Systems. Politische Macht wird über Gewalt abgesichert – denn Gewalt stellt als ‚symbiotischer Mechanismus' die Verbindung von politischer Macht zur ‚körperlichen Seite des menschlichen Zusammenlebens' her (Luhmann 2000: 62f). Die Bündelung der physischen Gewaltmittel in einer Gesellschaft im politischen System erfolgt in Westeuropa historisch erst relativ spät – und sie ist heute in vielen Entwicklungsländern noch mit Problemen behaftet (Wimmer 2000: 211ff, 237ff).

Macht taucht aber nicht nur im politischen System auf: Auch in vielen anderen Bereichen des gesellschaftlichen Lebens wird Kommunikation durch Macht strukturiert. Man denke etwa an die Macht von Vätern in (traditionellen) Familien, von Lehrern über Schüler oder von Vorgesetzten in Unternehmen (Luhmann 1975: 91ff). Insofern muss spezifiziert werden: Nicht Macht an sich fungiert als Medium im politischen System, sondern *politische Macht*. In dem Maße, in dem sich in der Moderne ein politisches System herausbildet (s.o.), löst sich auch politische Macht von nicht-politischer Macht. Zuvor fielen etwa die Rollen des religiösen Führers, des Eigentümers von Ländereien und die des politischen Machthabers oft in eins. In der Moderne trennen sich diese verschiedenen Machtbereiche und erlauben damit die Ausdifferenzierung eines Systems, in dem Macht an der Funktion des kollektiv bindenden Entscheidens ausgerichtet ist: der Politik.

Nach Luhmann übernimmt das politische Systeme in der Moderne „die Erzeugung, Verwaltung und Kontrolle der Macht für die Gesellschaft" (Luhmann 1975: 49). Voraussetzung für diese Umformung von Macht ist aber ein Prozess, den Luhmann in Anlehnung an Parsons als ‚*symbolische Generalisierung*' bezeichnet. Macht wird durch die Etablierung eines Gefüges von Machtpositionen im politischen System sowohl von spezifischen Themen als auch von einzelnen Personen unabhängig (Luhmann 1975: 31ff, 36f). Es kommt nicht darauf an, worüber entschieden wird oder wer gerade Parlamentsabgeordneter oder Regierungschef ist. Vielmehr markieren Symbole unabhängig von Person und Thema, ob entschieden werden kann und innerhalb welcher Verfahren. Damit löst sich das politische System von konkreten Machtbeziehungen zwischen einzelnen Personen und etabliert eine überpersönliche gesellschaftliche Entscheidungsstruktur.

Ein letzter sehr wichtiger Punkt in der Machttheorie Luhmanns ist die Erzeugung von *Gegenmacht* in allen Machtstrukturen. Man macht häufig den Fehler, Macht als eine Eigenschaft einzelner Akteure zu denken. Demgegenüber betont Luhmann, dass Macht immer in Beziehungen zwischen mehreren Beteiligten liegt – etwa im Verhältnis zwischen Mann und Frau oder zwischen Lehrer und Schülern (1975: 15f). Dazu gehört, dass nicht der Machtunterlegene alleine in seinen Handlungen eingeschränkt ist. Obwohl machtüberlegen, muss auch der Lehrer in seinen Handlungen auf das Verhalten der Schüler reagieren – sonst verliert er womöglich seine Machtposition. Ähnlich sieht es im politischen System aus: Ein König muss sich in seinem Regieren sehr genau auf die möglichen Handlungen seines Machtapparats und seiner Untertanen einstellen. Und in modernen Staatswesen gehorcht etwa die Verwaltung nicht einfach passiv den Anweisungen der Politik, sondern bestimmt durch eigene Initiativen und mehr oder weniger genaue Ausführungen auch politische Entscheidungen wesentlich mit (Luhmann 1968: 165; 1981a: 148; 2000: 259f; s.u., 3.6.b.). Niklas Luhmann spricht hier von *Gegenmacht* bzw. *informaler Macht*, die sich insbesondere dann bildet, wenn in Machtketten mehrere Entscheidungsträger miteinander verknüpft werden (1975: 39ff, 45, 68). Diese Gegenmacht sorgt mit dafür, dass das politische System in Demokratien nicht einfach den Wählerwillen verwirklicht. Stattdessen folgt das politische System der Gegenwart in gewissem Maße einer eigenen Logik des Wechselspiels von Macht und Gegenmacht.

(c) Auf dem Medium aufbauend wird Niklas Luhmann zufolge alle Kommunikation in einem Funktionssystem durch einen *Code* geleitet (1986: 75ff; 1986b). Demnach sind z.B. alle Operationen des Wirtschaftssystems Zahlungen oder Nicht-Zahlungen; das Rechtssystem entscheidet beständig zwischen Recht und Unrecht; und alle Kommunikation im Wissenschaftssystem teilt Aussagen in ‚wahr' und ‚unwahr' ein. Der grundlegende Code des politischen Systems ist nach Luhmann zunächst *machtüberlegen/machtunterlegen* (2000: 88ff, 98). Mit der Einführung demokratischer Verfahren kommt es aber zu einer Überformung des Codes: Die Leitunterscheidung ist jetzt die zwischen *Regierung* und *Opposition* (Luhmann 1986a; 1989; 2000: 96ff, 164f). Alle politische Kommunikation wird nun durch die gleichzeitige Existenz von Regierung und Opposition geprägt – und durch den möglichen Wechsel der beiden. Politische Forderungen werden

3.5 Gemeinwohl, Macht, Regierung/Opposition, politische Programme

sowohl an die Regierung als auch an die Opposition gestellt. Regierung und Opposition fungieren gewissermaßen als ‚gespaltene Spitze' des politischen Systems. Und beide verfügen über eine je spezifische Macht in der politischen Entscheidungsfindung.

Solche Codes haben nach Luhmann eine Negativseite und eine Positivseite. Die Positivseite dient als *Präferenzwert* (Recht, Wahrheit, Zahlung, Regierung) und damit als Orientierungswert für beteiligte Akteure (Anwälte, Wissenschaftler, Unternehmen, Parteien). Auf der Negativseite stehen mit Nicht-Zahlungen, Unwahrheit und Unrecht Werte, die im System Reflexion stimulieren. Wenn Kommunikation diese *Reflexionswerte* annimmt, versuchen die Akteure Strategien zu entwickeln, um wieder auf die Positivseite zu gelangen. Besonders deutlich ist dies beim Gegensatz zwischen Regierung und Opposition. Die Opposition formuliert alternative Programme, stellt alternative Personen zur Wahl und inszeniert sich selbst als ‚bessere Regierung'. Genau darin liegt ihre Funktion: Sie setzt durch ihre Präsenz in politischer Kommunikation die Regierung unter Kontrolldruck und sorgt so für Reflexion im politischen System (Luhmann 1989: 19ff). Ohne Opposition gäbe es keine Möglichkeit zum Regierungswechsel und die Regierung müsste ihre Politik nicht an den Erwartungen der Wähler ausrichten. Die Verwendung beider Seiten eines Codes ist immer eine Operationen im jeweiligen Medium: Zahlung und Nicht-Zahlung basieren beide auf Geld. Und sowohl Regierung als auch Opposition bezeichnen Machtpositionen im politischen System. Die beiden Seiten eines Codes sind also spezifische Ausformungen eines Mediums. Entscheidend für die Ausdifferenzierung eines gesellschaftlichen Funktionssystems ist, dass beide Seiten des Codes im System für weitere Kommunikation sorgen.

(d) Zwar erlauben binäre Codes eine Fülle von Kommunikation. Sie sind für höchst unterschiedliche Situationen verwendbar und sind genau dadurch so wichtig für das jeweilige Funktionssystem. Andererseits sind sie jedoch zu unbestimmt, um in einer konkreten Situation festzulegen, ob der Präferenzwert oder der Reflexionswert zu verwenden ist. Zahlung oder Nichts-Zahlung, Recht oder Unrecht, wahr oder unwahr, Regierung oder Opposition – eine konkrete Entscheidung zwischen diesen Alternativen benötigt Regeln für die Anwendung des jeweiligen Codes. Jedes Funktionssystem hält deswegen einen Vorrat an solchen Regeln bereit, den Luhmann als *Programm* bezeichnet (1986: 90ff). In der Wirtschaft sind es Preise, die festlegen, ob in einer bestimmten Situation gezahlt oder nicht gezahlt wird. Das Rechtssystem unterscheidet Recht und Unrecht auf der Grundlage von Gesetzen. Und die Wissenschaft hat Theorien und Methoden entwickelt, auf deren Grundlage Aussagen als wahr oder unwahr beurteilt werden.

Auch das politische System muss ein solches Programm zur Zuordnung von Regierung und Opposition bereithalten. Allerdings fallen die Ausführungen Luhmanns hierzu eher spärlich aus. In *Ökologische Kommunikation* schreibt er:

„Politische Wahl und Regierungsbildung dienen dazu, für eine gewisse Zeit Code und Programm in Übereinstimmung zu bringen, das heißt: denjenigen die Regierung zu überlassen, die persönlich und sachlich die Gewähr für die Durchführung bevorzugter politischer Programme zu bieten scheinen. Das setzt aber eine strukturelle Entkopplung von Code und Programm voraus, das heißt die Möglichkeit, auch anderen Programmen den Zugang zu verschaffen." (1986: 171)

Diese Ausführungen legen nahe, dass Luhmann die wettstreitenden politischen Programme als Programm des Funktionssystems der Politik betrachtet. Und Wahlen wären dann ein Mechanismus um Regierung und Opposition auf der Basis ihrer jeweiligen Programme zuzuordnen. In *Die Politik der Gesellschaft* findet sich zu dem Thema lediglich eine Stelle, an der Luhmann von einer ‚Einschränkung der Beliebigkeit im Umgang mit dem Code' durch die politischen Programme spricht (2000: 100). Insofern kann man von einer Mehrzahl von Programmen sprechen, die im politischen System um Regierung und Opposition konkurrieren.

Auf der Ebene der Programme kann es nach Luhmann überhaupt zu so etwas wie einer Abstimmung von Entwicklungen in verschiedenen Funktionssystemen kommen (1997: 564f). Grundsätzlich, so Luhmann, ist jedes Funktionssystem der modernen Gesellschaft autopoietisch. Wirtschaft, Politik, Recht, Wissenschaft entscheiden nach je eigenen Kriterien, wann es zu einer Zahlung kommt, wer an die Regierung darf, was Recht und was Unrecht ist oder was als wissenschaftliche Wahrheit gilt. Und in diesen unterschiedlichen Codes liegt die Eigendynamik der verschiedenen Bereiche begründet. Diese Funktionssysteme beeinflussen sich aber durchaus gegenseitig in den Kriterien für diese Code-Auswahl: in den Programmen. Dies lässt sich leicht am Beispiel von Politik und Wirtschaft illustrieren. Einerseits ist die Entscheidung über den Kauf von Produkten (Zahlung / Nicht-Zahlung) eine rein ökonomische – darüber entscheiden vor allem die Preise der Produkte (die Programme der Wirtschaft). Allerdings nimmt die Politik etwa über Steuern Einfluss auf Preise. Zum Beispiel kann die Politik auf ökologische Problemlagen mit höheren Steuern auf Mineralöl reagieren und damit in die Marktökonomie eingreifen. Andererseits sorgen Steuern auch dafür, dass die Politik abhängig von der Wirtschaft wird: Bleiben Steuereinnahmen aus, weil die Konjunktur hinkt, so gefährdet das den Staatshaushalt. Und die Opposition kann dann über ein anderes politisches Programm in der Finanzpolitik die Regierung unter Druck setzen. Luhmann nennt eine solche

3.5 Gemeinwohl, Macht, Regierung/Opposition, politische Programme 79

wechselseitige Abhängigkeit von Funktionssystemen ‚strukturelle Kopplung' (s.u., 3.7.).

(e) Funktion, Kontingenzformel, symbolisch generalisiertes Kommunikationsmedium, Code und Programm lassen sich im Prinzip für fast alle Funktionssysteme der modernen Gesellschaft bestimmen. Insgesamt ergibt sich daraus eine Übersicht über diese Merkmale von Funktionssystemen, wie in Tabelle 1 aufgeführt.

Tabelle 1: Merkmale einiger Funktionssysteme nach Niklas Luhmann

	Politik	**Wirtschaft**	**Recht**	**Wissenschaft**	**Religion**
Funktion	Bereithalten der Kapazität zu kollektiv bindendem Entscheiden	Sicherstellung von Versorgung bei Knappheit	Stabilisierung normativer Erwartungen	Erkenntnisgewinn	Entparadoxierung der Kontingenz von sozialem Sinn
Kontingenzformel	Gemeinwohl	Knappheit	Gerechtigkeit	Limitationalität	Gott
Medium	Macht	Geld	Recht	Wahrheit	Glaube
Code	Regierung / Opposition	Zahlung / Nicht-Zahlung	Recht / Unrecht	wahr / unwahr	Immanenz / Transzendenz
Programm	Politische Programme	Preise	Gesetze	Theorien, Methoden	Regelwerke, (Moral)

Nicht alle Funktionssysteme sind hier eingetragen. Es fehlen zum Beispiel Familie, Massenmedien, Medizin, Kunst und Erziehung, bei denen zum Teil einzelne Strukturmerkmale nicht vorhanden oder strittig sind. Trotzdem kann man aus dieser Tabelle schon ersehen, dass Politik auf der sehr abstrakten Ebene der Systemmerkmale vergleichbar anderen Funktionssystemen gebaut ist. So wird deutlich, dass etwa Macht und politische Programme vergleichbare Aufgaben für die Autopoiesis des politischen Systems übernehmen wie Recht und Gesetze im Rechtssystem, Geld und Preise in der Wirtschaft oder Wahrheit und Theorien und Methoden in der Wissenschaft. Und das Gemeinwohl fungiert gewissermaßen als ‚Gott' des politischen Systems als letzter Bezugspunkt allen Sinns. Sehr unterschiedlich sind diese Funktionssysteme hingegen in ihren internen Strukturen. Die Strukturen des politischen Systems werden im nächsten Abschnitt vorgestellt.

3.6 Differenzierung der Politik

Die genannten Mechanismen der Autopoiesis des politischen Systems sorgen für eine Herauslösung der Politik aus anderen gesellschaftlichen Zusammenhängen. In der Moderne, so Luhmann, trennen sich die Bereiche der Wirtschaft, des Rechts, der Politik und der anderen Funktionssysteme voneinander. Und jedes dieser Systeme erhält seine eigene Dynamik auf der Basis eigener Codes, Kommunikationsmedien und Programme. Diese funktionale Differenzierung löst als wichtigste Differenzierung der modernen Gesellschaft vormoderne Differenzierungsformen ab (Luhmann 1997: 634ff): Stammesgesellschaften etwa waren *segmentär* differenziert in gleiche, austauschbare Einheiten von Stämmen und Familien. Die mittelalterliche Gesellschaft war vor allem durch hierarchisch geordnete Schichten geprägt und damit *stratifikatorisch* differenziert. Daneben existierte eine deutliche Differenzierung zwischen den städtischen *Zentren* und ländlicher *Peripherie*. Mit der Herausbildung von Geld, Macht, wissenschaftlicher Wahrheit und Recht als generalisierten Kommunikationsmedien etablieren sich in der Moderne Wirtschaft, Politik, Wissenschaft und Recht als autonome Bereiche – die Gesellschaft ist nun primär *funktional* differenziert.

Das bedeutet nicht, dass die anderen Differenzierungsformen vollkommen verschwänden (1997: 772ff). Weiterhin besteht eine (wenn auch abgeschwächte) Schichtung; weiterhin gibt es große Unterschiede zwischen den urbanen Zentren des Westens und der Peripherie in den ländlichen Regionen der dritten Welt; und weiterhin spielen etwa Familien als segmentäre Einheiten eine große Rolle in der Gesellschaft. Aber nach Luhmann prägt die funktionale Differenzierung die moderne Gesellschaft stärker als etwa Schichten und Segmente. Mehr noch: Schichtung und Unterschiede zwischen Zentrum und Peripherie in der Gegenwart sieht Luhmann sogar durch die wirtschaftlichen, rechtlichen, politischen und wissenschaftlichen Eigendynamiken bedingt.

Die unterschiedlichen Möglichkeiten der Differenzierung von sozialen Strukturen tauchen auch in den Funktionssystemen selbst auf. So lassen sich nach Luhmann im politische System an verschiedenen Stellen segmentäre, funktionale, stratifikatorische und Zentrum/Peripherie-Differenzierung finden: Auf der internationalen Ebene besteht eine segmentäre Differenzierung in Nationalstaaten (a). Innerhalb von Staaten findet sich eine funktionale Differenzierung zwischen der Verwaltung als ausführendem Organ und dem Bereich der politischen Willensbildung von Parlament und Parteien (b). Während der Bereich der Verwaltung intern stark hierarchisch (stratifikatorisch) aufgebaut ist, hat sich in Demokratien im engeren Bereich der Politik eine Zentrum/Peripherie-Differenzierung etabliert (c). Diese komplexe interne Strukturierung des politischen Systems gilt es im Folgenden genauer herauszuarbeiten.

3.6 Differenzierung der Politik

(a) Während David Easton nationale Gesellschaften noch als relativ abgeschlossene Einheiten behandelt, spricht Luhmann seit einem frühen Aufsatz von einer ‚Weltgesellschaft' (1971a). Damit reflektiert er die Tatsache, dass immer mehr Kommunikation nicht vor nationalen Grenzen Halt macht. Etwa auf der Ebene der Wirtschaft, der Wissenschaft oder der Massenmedien lassen sich globale Kommunikationszusammenhänge beobachten. Die Vorstellung von nationalen Gesellschaften als quasi-natürlichen Einheiten sozialer Prozesse ist damit nicht mehr haltbar. Stattdessen müssen wir uns fragen: Was sorgt dafür, dass wir auf der politischen Ebene vor allem in nationalstaatlichen Zusammenhängen denken?

Luhmann geht also davon aus, dass sich die Funktionssysteme Politik, Wirtschaft, Massenmedien, Recht, Medizin, etc. auf globaler Ebene voneinander abgrenzen. Nationalstaatliche Grenzen sind demnach ein politisches Artefakt und hinken der Entwicklung in anderen Bereichen hinterher. Luhmann spricht deswegen von einem weltpolitischen System, dass segmentär in Staaten differenziert ist (2000: 220ff; Stichweh 2002). Gewissermaßen über diesen staatlichen Einheiten bestehen weltpolitische Zusammenhänge und Zwänge wie etwa die Durchsetzung des territorialen Nationalstaats in der Moderne selbst (mit der Folge, dass selbst tribal geprägte Gebiete in Afrika oder in Polynesien in nationalstaatliche Einheiten ‚gezwängt' werden), die Prinzipien der internationalen Anerkennung von Staaten und der Staatsbürgerschaft oder auch die Tendenz zu wohlfahrtsstaatsstaatlichen Regelungen. Der Begriff des Staates selbst ist nach Luhmann wesentlich den weltpolitischen Zusammenhängen geschuldet. Gerade im internationalen Bereich muss es möglich sein, Kommunikation direkt an die politischen Segmente zu richten. Die Staaten dienen damit als Referenzpunkte, als Adressaten der Kommunikation im weltpolitischen System – und deswegen braucht es auch eine innerstaatliche Organisation von Politik, die eine solche Fokussierung erlaubt (Luhmann 2000: 196, 224ff).

Intern erlaubt die Differenzierung von Staaten zudem überhaupt erst die Etablierung von dem, was wir als ‚Demokratie' bezeichnen (Luhmann 2000: 222f). Denn die Trennung von nationalen Politiken erlaubt ein gewisses Maß an Experimentieren und verhindert eine Belastung durch zu große regionale Unterschiede. Nicht zuletzt sorgt die Orientierung an der ‚imaginierten Gemeinschaft' der (staatlich zusammengefassten) Nation erst für die Konzentration auf das ‚Gemeinwohl' als Kontingenzformel des Politischen (Luhmann 2000: 209ff). Denn erst wenn in der Politik die Gemeinschaft der Nation als Bezugseinheit auftaucht, treten Interessen von Individuen (oder von Haushalten) hinter dem Interesse des Gemeinwesens zurück und machen Entscheidungen in Namen des Kollektivs legitim.

An dieser Stelle tauchen deutliche Parallelen zu Eastons Konzept der ‚politischen Gemeinschaft' auf (s.o., 2.7.a.). Aber auch die Vergleichbarkeit der weltpolitischen Strukturen mit denen in tribalen Gesellschaften (beide sind bei Luhmann segmentär differenziert) hat Easton bereits beobachtet (1965a: 487; s.o., 2.4.c.). Deutliche Unterschiede ergeben sich hingegen beim Verhältnis zwischen politischen und nicht-politischen Systemen, etwa zwischen Politik und Wirtschaft. Hier stellt Luhmann ein Nebeneinander von nationalstaatlich organisierter Politik und global strukturierter Ökonomie fest, während Easton dieses Problem weitgehend unbeachtet lässt.

(b) Innerhalb der nationalstaatlichen Segmente sieht Luhmann wiederum eine *funktionale Differenzierung* des politischen Bereichs (1968: 163ff; 2000: 253ff): Auf der einen Seite steht die *Verwaltung*, deren Aufgabe die Umsetzung der politischen Entscheidungen ist. Davon abgetrennt ist das Zusammenspiel zwischen Parteien und Interessengruppen, Regierung und Opposition, in dem die Prämissen für politische Entscheidungen gesetzt werden. Dies bezeichnet Luhmann als *‚Politik im engeren Sinne'* (1981a: 148). Die zwei Bereiche unterscheiden sich neben ihrer Funktion für das politische System auch in der Verwendung der oben erläuterten Mechanismen: Die Verwaltung selbst ist intern stark durch die Verwendung des Mediums Macht geprägt und dadurch hierarchisch strukturiert (s.u.). Der Bereich der eigentlichen politischen Willensbildung hingegen erhält seinen Zusammenhang durch die Orientierung an der Funktion des kollektiv bindenden Entscheidens (Luhmann 2000: 81f). Man kann nicht eigentlich davon sprechen, dass die Regierung Macht über die Opposition hätte (zumindest nicht mehr als umgekehrt die Opposition als Kontrollinstanz über die Regierung). Und auch die Kommunikation zwischen Parteien und Interessengruppen wird nicht durch die Unterscheidung zwischen machtüberlegen/machtunterlegen strukturiert. Was sie eint und ihr Zusammenspiel strukturiert, ist hingegen das gemeinsame Ziel der Formulierung kollektiv bindender Entscheidungen. Insofern sichern politische Macht als Medium und kollektiv bindendes Entscheiden als Funktion zwar den Zusammenhalt des Gesamtsystems der Politik. Intern übernehmen sie dagegen die Koordination ganz unterschiedlicher Kommunikationsbereiche.

Als dritten Bereich des politischen Systems nennt Luhmann in Demokratien das *Publikum* (1989: 21; 2000: 253f). Auch hier – außerhalb der eigentlichen Strukturen des politischen Systems – wird über politische Entscheidungen kommuniziert. Und dies beeinflusst sowohl deren Formulierung als auch deren Durchsetzung. Da Luhmann die Grenze des politischen Systems als Sinngrenze konzipiert, endet Politik erst dort, wo kollektiv bindende Entscheidungen nicht mehr in der Kommunikation auftauchen. Und Alltagskommunikation ist dem-

3.6 Differenzierung der Politik

nach Politik, sobald sie sich auf kollektiv bindende Entscheidungen bezieht. Und sie kann zum Beispiel in Wahlentscheidungen oder in Umfragen im politischen System relevant werden. Das Publikum ist mit Verwaltung und dem engeren Bereich der Politik in einen *Machtkreislauf* verbunden, den Luhmann folgendermaßen skizziert:

> „Das Publikum wählt Führungspersonen und politische Programme in der Politik, die Politiker verdichten Prämissen für kollektiv bindendes Entscheiden, die Verwaltung entscheidet und bindet damit das Publikum, das seinerseits wiederum wählt." (1981a: 148)

Die „dominante Kommunikationsrichtung" (Luhmann 1968: 165) geht also vom Publikum zur Politik und über die Verwaltung zurück zum Publikum. Luhmann betont aber, dass daneben ein ‚*Gegenkreislauf informaler Macht*' (2000: 258) besteht. Dieser läuft in die Gegenrichtung vom Publikum über die Verwaltung zur Politik und wieder zurück zum Publikum. Der Gegenkreislauf beruht auf dem oben angesprochenen Phänomen der Gegenmacht bzw. informaler Macht (s.o., 3.5.b), auf den „Angewiesenheiten des Machthabers" auf die Wahloptionen auf der machtunterlegenen Seite. So kann das Publikum bei Wahlen eben nur aus den ihm angebotenen politischen Programmen und Personen auswählen und wird dadurch in seiner Macht eingeschränkt. Die informale Macht der Politik über das Publikum besteht also in der Vorstrukturierung der Wahlentscheidung. Dies läuft vor allem über die Bündelung von Programmen und Personen in Parteien und über die Gegenüberstellungen von links/rechts bzw. konservativ/progressiv (wie noch zu erläutern sein wird; 3.6.c).

Auch die Verwaltung wirkt ihrerseits durch die Vorstrukturierung von Wahlmöglichkeiten auf die politische Entscheidungsfindung ein. Etwa in der Ministerialbürokratie (die Luhmann ja aus eigener Erfahrung kennt) werden politische Entscheidungen durch die höhere Sachkenntnis der Beamten, durch deren Folgenabschätzungen und Gesetzesentwürfe stark beeinflusst (Luhmann 2000: 259). Die Verwaltung ihrerseits bedarf in der Umsetzung politischer Entscheidungen „der freiwilligen Mitwirkung des Publikums, muß diesem also Einfluss konzedieren" (Luhmann 1981a: 148). Dies gilt gerade für wohlfahrtsstaatliche Programme, in denen dem Publikum als Leistungsempfängern immer neue Rechte und ‚Rechtspflichten' zukommen (2000: 260f). Verstärkt wird dies dadurch, dass die Verwaltung hier mit Vereinen und Verbänden (Wohlfahrtsverbänden, Arbeitnehmer- und Arbeitgebervereinigungen, Interessensgruppen) zusammen arbeiten muss, die ihrerseits auch die politische Meinungsbildung beeinflussen.

Abbildung 6: Machtkreisläufe zwischen Publikum, Politik und Verwaltung in Demokratien nach Niklas Luhmann

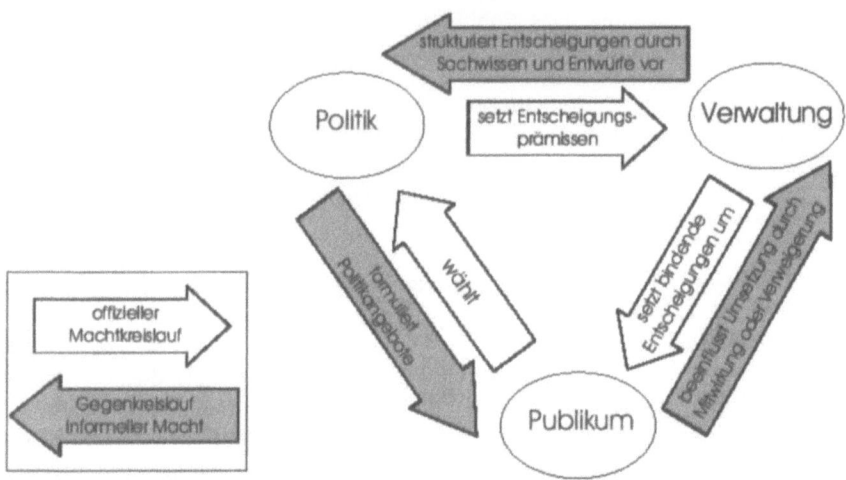

in Anlehnung an Lange / Schimank 2001: 64

Insgesamt ergibt sich damit eine Verwobenheit von Publikum, Politik und Verwaltung im offiziellen Machtkreislauf und im Gegenkreislauf informeller Macht wie in Abbildung 6 dargestellt. Die Einteilung des politischen Systems in Politik, Verwaltung und Publikum ist jedoch noch sehr grob und muss gerade für die komplexen demokratischen Systeme der Gegenwart weiter aufgefächert werden.

(c) In den funktional differenzierten Subsystemen des politischen Systems Verwaltung und Politik (im engeren Sinne) finden sich unterschiedliche Differenzierungen: Wie bereits angedeutet ist die *Verwaltung* hierarchisch strukturiert und ähnelt darin der stratifikatorischen Differenzierung der ständischen Gesellschaften. Da die Verwaltung die Umsetzung kollektiv bindender Entscheidungen zur Aufgabe hat, muss hier soziale Komplexität in einem hohen Maß an Verbindlichkeit strukturiert werden. Das wichtigste Mittel dafür ist die *formale Organisation* der öffentlichen Verwaltung. Organisationen wie Unternehmen und Verwaltungseinheiten sind nach Luhmann ein eigener Typus sozialer Systeme, deren Autopoiesis auf formalisierter Mitgliedschaft und auf dem Prozessieren von Entscheidungen beruht (2000a; s.o., 3.4.b.). Entscheidungen bilden die elementaren Operationen in Organisationen: Alle Abläufe werden über Entscheidungen geregelt – nicht zuletzt über Entscheidungen darüber, wie Entscheidungen zu treffen sind. Das Rückgrat jeder Organisation ist deswegen eine formale Struktur

3.6 Differenzierung der Politik

mit Zuständigkeiten von Stellen, die zumeist hierarchisch aufgebaut ist und übergeordnete Stellen als weisungsbefugt auszeichnet.

Diese Ämterstruktur und die darin verkörperte Amtsmacht sind selbst das Resultat von Entscheidungen – Personalentscheidungen über die Einstellung von Personen und über die Kompetenzverteilung zwischen ihnen. Verwaltung baut dabei in besonderem Maße auf *Stellen* auf, die von unterschiedlichen Personen bekleidet werden können und dabei immer in das gleiche Geflecht von Zuständigkeiten und Machtbeziehungen mit anderen Stellen eingebunden bleiben (Luhmann 2000: 92ff, 240). Durch diese formale Struktur wird auf der einen Seite Amtsmacht installiert. Zum anderen macht sich die Organisation mittels Bezahlung und Machtstruktur zumindest formal unabhängig von Konsens über die Entscheidungsprämissen. Der Verwaltungsbeamte hat Weisungen auszuführen, auch wenn er selbst andere politische Überzeugungen hegt. Die Entscheidungen der Politik können auf diese Weise problemlos über formale Organisation abgearbeitet werden. Ein Vorteil liegt mit Sicherheit darin, dass die Beamten gewissermaßen hauptamtliche Experten sind, auf deren Sachwissen in der Umsetzung politischer Entscheidungen die Politik zurückgreifen kann. Die Kehrseite liegt eben in dem bereits mehrfach angesprochenem Phänomen der Gegenmacht, die sich in besonderem Maße in den langen Machtketten der Bürokratie bildet. Denn dadurch erhält die Verwaltung den oft beklagten Einfluss auf politische Entscheidungen (s.o.).

Eine solche Differenzierung über Stratifikation ist in der *‚Politik im engeren Sinne'* in demokratischen Regimes – im Bereich der politischen Willensbildung – nicht möglich. ‚Demokratie' steht für Herrschaft des Volkes über sich selbst (Luhmann 2000: 102f). Deswegen muss sich das politische System für Einflüsse von Seiten des Publikums offen halten. Dies wird in der Systemtheorie mit dem Begriff der ‚Resonanz' eines Systems für Irritationen aus der Umwelt gefasst (Luhmann 1986: 40ff, 175f). Diese Resonanz wird im System der politischen Willensbildung über eine Differenzierung zwischen *Zentrum* und *Peripherie* ermöglicht. Dabei werden Irritationen aus dem Publikum aus der Peripherie von Interessengruppen, sozialen Bewegungen und Parteien an die zentralen Instanzen für kollektiv bindendes Entscheiden herangetragen. Wesentliche Bedeutung kommt in diesem Prozess auch den Massenmedien als Beobachtungsmittel für die gegenseitige Beobachtung von Zentrum, Peripherie und Publikum zu, wie im Abschnitt über strukturelle Kopplungen genauer ausgeführt wird (s.u., 3.7.a).

Im *Zentrum* demokratisch verfasster Systeme stehen nach Luhmann *Regierung* und *Opposition* als Code des politischen Systems (1986a; 1989). Beide bilden zusammen gewissermaßen die ‚gespaltene Spitze' der Politik. Hier werden die kollektiv bindenden Entscheidungen gefällt. Insofern ist das Zentrum des engeren Bereichs der Politik (in erster Linie: die Regierung) zugleich die Spitze der Verwaltungshierarchie, mit der sie auch über Machtbeziehungen verknüpft ist. Die Opposition fungiert hier zunächst nur als alternative Spitze der Verwaltungshierarchie, ermöglicht aber gerade damit die Umweltoffenheit des Systems. Denn durch den möglichen Wechsel zwischen Regierung und Opposition muss das System auf Umwelteinflüsse reagieren – wenn sich die Regierung nicht bei der nächsten Wahl auf den Oppositionsbänken wiederfinden möchte. Die Spaltung der Spitze in Regierung und Opposition sorgt also dafür, dass beide (Regierung und Opposition) beständig ihre Umwelt daraufhin beobachten, welche Themen ihnen Wählerstimmen bringen könnten. Luhmann definiert Demokratie genau deswegen über die Existenz einer solchen gespaltenen Spitze, über deren Besetzung das Publikum gewissermaßen als lachender Dritter (und damit als ‚heimlicher Souverän') entscheidet.

Um den Gegensatz zwischen Regierung und Opposition gruppieren sich *Parteien* als organisatorisch verfasste Machtanwärter. Bis ins 20. Jahrhundert hinein noch wurden Abgeordnete als ‚individuelle' Vertreter des Volkswillens gesehen (Luhmann 2000: 214). Mit der Ausweitung des Wahlrechts und der Etablierung parlamentarischen Systemen wurden diese Honoratioren jedoch abgelöst durch die sich formierenden politischen Parteien. Repräsentation wird nun nicht mehr individuell realisiert, sondern in der Form von Organisationen (Luhmann 2000: 266ff). Dies hat verschiedene Vorteile: Zum einen erlaubt die dominante Rolle von Entscheidungen in Organisationen die Bündelung von Themen in den politischen Programmen der Parteien. Wesentliche Schritte der politischen Willensbildung als Einschränkung von Entscheidungsalternativen werden nun in den parteiinternen Diskussionen geleistet und nur noch als Pakete dem Wähler zur Abstimmung gestellt. Parteien strukturieren die politische Meinungsbildung damit wesentlich weiter gehend als im individuellen Repräsentationsprinzip (wo Honoratioren meist aufgrund individueller Verdienste oder Fähigkeiten gewählt wurden, weniger mit Hinblick auf ihre inhaltlichen Positionen). Dissens über Ziele und Mittel der Politik kann nun in der Form von Konflikten zwischen Parteien inszeniert werden – und per Wahl entschieden.

Zweitens werden die Parteiorganisationen nun zu Selektionsfiltern für politisches Personal. Wer in innerparteilichen Diskussionen durch Engagement, Fachwissen und Medientauglichkeit überzeugt, kann auch für Parlamentsmandate und Regierungsämter kandidieren. Parteien werden so immer mehr zu „Karriereorganisationen, die nach außen den Eindruck erwecken, als ob die Versorgung mit Posten und Einkünften und der Aufbau personaler Kontaktnetze und Herrschaftsapparate das primäre Ziel parteipolitischer Aktivität seien" (Luhmann 2000: 267). Oft wird deswegen in der öffentlichen Diskussion eine „Zweck/Mittel-Verschiebung" beklagt. Und die Politikverdrossenheit wäre eine Folge der Wahrnehmung, dass Parteien immer mehr auf Macht und Posten

3.6 Differenzierung der Politik

schauen und immer weniger an der Lösung politischer Probleme interessiert seien (Luhmann 1992). Andererseits erwarten wir, dass die Politik in erster Linie den Wünschen des Publikums folgt. Gerade die Orientierung an Wählerstimmen und der damit verknüpften Machtposition sorgt für eine sehr genaue Beobachtung des Publikums durch die organisierte Parteipolitik.

Als Orientierungshilfen in der Parteiendemokratie fungieren Gegenüberstellungen von *links* und *rechts* bzw. *konservativer* und *progressiver* Politik (Luhmann 1974; 2000: 94ff, 187f). Diese Schemata sorgen für eine Einordnung von politischen Positionen auf (jeweils) eine Dimension und damit eine enorme Komplexitätsreduktion. Diese Schemata sind rein politisch und – wie ein Blick in die Geschichte zeigt – höchst wandelbar. Sie erlauben es, über plakative Gegenüberstellungen immer neue Konflikte im politischen System zu inszenieren. Luhmann hat an mehreren Stellen betont, dass der damit verknüpfte Informationsverlust zugleich ein hoher Preis ist: Denn neue Problemlagen oder Positionen können damit nur schwer eingefangen werden (1986b: 30; 2000: 102, 188). Andererseits scheinen diese Schemata weiterhin unverzichtbar – weil sie wie der Code Regierung/Opposition dual aufgebaut sind und damit diese Unterscheidung symbolisch unterfüttern.

Luhmann verortet Parteien in der *Peripherie* des politischen Systems (2000: 244ff). Ihre Aufgabe besteht also in ‚Zulieferungsdiensten' an das Zentrum aus Regierung und Opposition und den dahinter liegenden Verwaltungsapparat. ‚Zulieferungsdienste' versteht Luhmann als ‚Verdichtung von politischen Issues auf Entscheidungsmöglichkeiten'. Politische Parteien bereiten politische Entscheidungen inhaltlich vor, indem sie Themen bündeln und auf Mehrheitsfähigkeit austesten (s.o.). Insofern laufen über die Parteien Irritationen aus der Umwelt in das politische System. Diese Aufgabe teilen sie sich mit anderen Einrichtungen in der politischen Peripherie:

> „Auch politisch orientierte Interessenverbände und all das, was man üblicherweise ‚Lobby' nennt, repräsentieren Umweltsektoren in einer Weise, die ... nur Erfolg haben kann, wenn Themen auf mögliche politische Entscheidungen zugespitzt werden." (Luhmann 2000: 245)

Nicht zufällig sind auch diese Lobbygruppen Organisationen. Dadurch haben sie – wie Parteien – die Möglichkeit, Präferenzen gebündelt und in einer Stimme vorzutragen. Dies erlaubt eine sehr weitgehende Einbindung in politische Entscheidungsprozesse, die bis hin zur Entsendung von Vertretern in Kommissionen gehen kann.

Ganz anders sieht es bei den *Neuen Sozialen Bewegungen* (Friedens-, Frauen-, Ökologie-, Bürgerrechtsbewegungen) aus, die Luhmann ebenfalls in der Peripherie des politischen Systems sieht (1984: 543ff; 1996; 2000: 215ff). Diese können sich im Gegensatz zu Parteien und Verbänden nicht als Organisation formieren, sondern stellen einen ganz anderen Typus sozialer Systeme dar. Sie haben keine formalen Mitgliedschaftsregeln, können keine Gehälter zahlen und ihre Mitglieder nicht mit formalen Regeln disziplinieren. Stattdessen beruhen sie auf einer Grenzziehung über den *Protest*. Damit sind sie – gerade angesichts veränderter Problemlagen (Ökologie, Emanzipation, Eigenlogik militärischer Konflikte) – in der Lage massenhaft zu mobilisieren. Diese Strukturschwäche sozialer Bewegungen birgt zugleich große Vorteile und große Nachteile. Zum einen sind sie nicht in der Lage, einheitliche Meinungen nach außen zu vertreten. Denn der Protest vereint ganz unterschiedliche politische Positionen. Natürlich ergeben sich auch Organisationsprobleme, die meist von einem kleinen (oft organisierten) Kern der Bewegung gelöst werden müssen. Zum anderen sorgt aber gerade das Fehlen formaler Machtstrukturen für großen Zulauf in einer Situation, in der Partei- und Lobbyorganisationen allzu sehr der strategischen Ausrichtung verdächtigt werden. Die Funktion ähnelt dabei der von Parteien und Lobbygruppen: Auch hier werden politische Themen vorbearbeitet und Irritationen aus der Umwelt in das politische System gebracht – nur eben nicht in der Form von konkreten Vorschlägen sondern im Protest.

Protestbewegungen nehmen damit eine Stellung gewissermaßen in der Peripherie der Peripherie ein. Parteien und Verbände werden immer stärker Teil des politischen Kräftespiels und von dessen Eigenlogik durchsetzt. Die Protestbewegungen versuchen daraufhin auf dieses erweiterte Zentrum der Politik von außen mit Mitteln einzuwirken, die einer solchen Entwicklung entgegenstehen: flache Hierarchien, freiwilliges Engagement, Politik durch Dagegensein statt Ausarbeitung von Politikvorschlägen. Luhmann sieht hier die Entstehung einer zweiten, äußeren Peripherie, indem sich „die Differenz von Zentrum/Peripherie in der genannten Weise verschiebt und ... die Verdichtung eines politischen Establishment innerhalb des politischen Systems durch komplementäre Formen, durch ungebundene soziale Systeme ergänzt wird" (2000: 317).

Insgesamt ergibt sich damit im engeren Bereich der Politik ein komplexes Mit- und Nebeneinander von Parteien, Verbänden und sozialen Bewegungen, die sich in einer inneren und einer äußeren Peripherie um das Entscheidungszentrum herum gruppieren. Die wichtigste Aufgabe dieser politischen Peripherie besteht darin, das Entscheidungszentrum mit Irritationen aus der Umwelt zu versorgen. Insofern übersetzen sie Umweltbedingungen von Politik etwa in der Religion, der Wirtschaft, der Wissenschaft in die Sprache des Systems: politische Forderungen. Damit sichert die Peripherie den stetigen Zufluss an Informationen ins politische System. Mit dieser Lösung des Problems des Umweltkontakts der Politik entsteht aber zugleich ein neues Problem: die Überschwemmung des

3.6 Differenzierung der Politik

politischen Systems mit Forderungen (die Easton als *demand input overload* kennzeichnete; s.o., 2.6.):

> „Der Haupteffekt dieser Differenzierung von Zentrum und Peripherie ist: dass das Zentrum aus der Peripherie mit einer Fülle von inkonsistenten Entscheidungsanforderungen überschüttet wird." (Luhmann 2000: 247)

Abbildung 7: Zentrum/Peripherie-Differenzierung des engeren Bereichs der Politik nach Niklas Luhmann (eigene Darstellung)

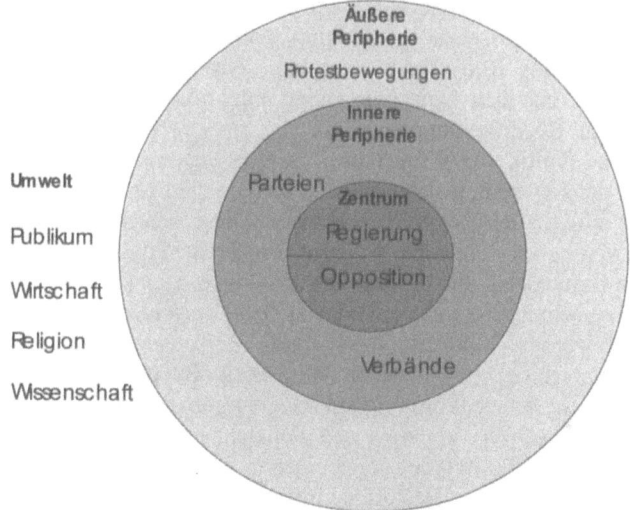

Nicht nur Regierung und Opposition, auch Parteien, Verbände und Publikum benötigen einen Überblick über dieses komplexe Bild des politischen Prozesses. Das wichtigste Mittel, um diesen Überblick zu erhalten, ist nach Luhmann die Abbildung der Politik in den Massenmedien: die öffentliche Meinung. Auch hier geht es darum, dass ein anderes Funktionssystem (die Massenmedien) in das politische System hineinwirkt. Somit verweist die öffentliche Meinung bereits auf das nächste Thema: die strukturelle Kopplung der Politik mit anderen Funktionssystem wie den Massenmedien, dem Recht oder der Wirtschaft.

3.7 Strukturelle Kopplungen

Niklas Luhmann sieht das politische System umgeben von anderen Funktionssystemen: Wirtschaft, Recht, Wissenschaft, Religion, Massenmedien, Erziehung, Medizin und Familie. All diese Systeme haben jeweils ihre eigene Logik, zumeist auf der Basis eines eigenen Codes und eines eigenen symbolischen Kommunikationsmediums. Im Prinzip ist die Politik in ihren Entscheidungen vollkommen autonom und folgt alleine den Kriterien des politischen Machterwerbs und des Wechselspiels zwischen Regierung und Opposition. Das bedeutet aber nicht, dass sie nicht angewesen wäre auf Leistungen aus anderen Funktionssystemen und dass die Prozesse im Rechtssystem, in der Wirtschaft oder in den Massenmedien keine Rolle für sie spielten. Zur Abstimmung ihrer Entwicklungsdynamiken hat sich zwischen vielen Funktionssystemen eine Form der wechselseitigen Beeinflussung etabliert: die *strukturellen Kopplungen* (1997: 778ff). So sind Politik und Wirtschaft etwa über Steuern, und das Recht mit der Politik über die Verfassung verknüpft. Außerdem sind Massenmedien und Politik über die öffentliche Meinung verbunden. Diese verschiedenen Kopplungen der Politik werden im Folgenden genauer vorgestellt. Zuvor muss aber noch der theoretische Hintergrund dieser strukturellen Kopplungen kurz skizziert werden.

Alle Geschehnisse können grundsätzlich in verschiedenen Funktionssystemen relevant werden (Luhmann 1993: 440f). Beispielsweise kann ein Fährungglück auf unterschiedliche Weise in Wirtschaft, Recht, Politik, Medizin und Massenmedien für Anschlusskommunikation sorgen. Im Medizinsystem wird es zu vollen Krankenhäusern kommen und vielleicht zu einem Mangel an Spenderblut. Die Massenmedien werden ihrer eigenen Logik folgend einige Tage breit über das Ereignis berichten, Betroffene interviewen und die Sicherheit von Fährschiffen diskutieren. Dies kann dafür sorgen, dass die Politik sich des Themas annimmt und neue Sicherheitsrichtlinien beschließt. Das Rechtssystem sucht nach Verantwortlichen für die Tragödie. Und in der Wirtschaft könnte es zu zurückgehenden Buchungen für Schiffsreisen kommen, aber auch zu größeren Zahlungen durch Versicherungen oder Schadensersatzpflichtige. Insofern sorgt eine solche *Kopplung über Operationen* kurzzeitig für eine Gleichzeitigkeit von Prozessen der verschiedenen Funktionssysteme, die aber solche Ereignisse je nach ihrer eigenen Logik behandeln.

Dabei kann die Verarbeitung in einem System (etwa die Verschärfung der Sicherheitsrichtlinien durch die Politik) Auswirkungen auf andere Systeme (etwa auf die Rechtssprechung) haben. In diesem Fall werden die Prozesse in einem System selbst zu Ereignissen in einem anderen System. Etwa die staatliche Haushaltsplanung wird in der Wirtschaft genauestens beobachtet und sorgt dort für Anschlusskommunikation in Form von Zahlungen (Kredite, Kursschwan-

3.7 Strukturelle Kopplungen

kungen an der Börse, Investitionen). Zwischen zwei Systemen können sich dabei Erwartungen über die Prozesse im jeweils anderen System herausbilden. So gewöhnt sich die Politik an die Art und Weise der Berichterstattung in den Massenmedien und richtet sich darauf ein (etwa mit der Inszenierung politischer Ereignisse und der Personalisierung von Politik, s.u.). Solche Erwartungen bilden sich zwischen zwei Systemen, sobald sie regelmäßig mit Rückwirkungen aus dem jeweils anderen System umgehen müssen. Luhmann bezeichnet diese Erwartungen als *„strukturelle Kopplungen'* zwischen Systemen.

Dabei sind zwei Eigenschaften struktureller Kopplungen zu beachten: Erstens bleibt die Grundlage der Prozesse im System immer der je eigene Code. Die Entscheidungen zwischen Regierung und Opposition, zwischen Recht und Unrecht, zwischen Zahlung und Nicht-Zahlung können nie unterlaufen werden, sondern werden immer nach politischen, juristischen bzw. ökonomischen Gesichtspunkten gefällt. Auf der Ebene der Programme (Preise, Gesetze, politische Programme) – den Anwendungsregeln für den Code – können jedoch die strukturellen Kopplungen wirksam werden (1986: 90ff; 1997: 564f): Preise ändern sich durch Steuern; die Politik nimmt über die Gesetzgebung Einfluss auf das Rechtssystem; und die politischen Programme werden stark auf ihre Finanzierbarkeit, auf ihre Verfassungsmäßigkeit und ihre Medientauglichkeit ausgerichtet. Zweitens bedeutet strukturelle Kopplung nicht nur selektive Öffnung eines Systems für bestimmte Ereignisse in der Umwelt – sondern auch Ausblendung anderer Irritationen (1997: 103). Die Politik kann so nur über die Gesetzgebung auf das Recht einwirken und nicht über Druck auf Gerichte bei Einzelentscheidungen. Insofern muss man strukturelle Kopplungen als Formen sehen, die zwischen Systemen ganz bestimmte Irritationen vorsehen und andere ausschließen.

(a) Die Massenmedien spielen – wie bereits angedeutet – eine wichtige Rolle im engeren Bereich der Politik (s.o.; 3.6.c). Regierung und Opposition werden als Doppelspitze des politischen Systems mit einer Fülle von inkonsistenten Entscheidungsanforderungen ‚überschüttet'. Im komplexen Zusammenspiel zwischen Parteien, Verbänden und sozialen Bewegungen in der Peripherie muss im Zentrum diese Komplexität reduziert und zu bindenden Entscheidungen verdichtet werden. Regierung und Opposition benötigen deshalb Informationen darüber, welche Forderungen vom Publikum gestützt werden und damit einen Einfluss auf die Verteilung politischer Macht haben könnten und. Auf der anderen Seite braucht auch das Publikum einen Überblick über die konkurrierenden politischen Programme und über die verschiedenen Forderungen, die an das Zentrum gestellt werden. Diese Selbstbeobachtung des politischen Systems geschieht in der *öffentlichen Meinung* – und dabei kommt den *Massenmedien* eine zentrale Rolle zu.

Bereits 1970 fasst Niklas Luhmann die öffentliche Meinung als ein Medium zur Einschränkung der vielfältigen Möglichkeiten im politischen System. Diese Komplexitätsreduktion läuft vor allem über die Auswahl von politisch zu bearbeitenden Themen (1970: 13ff). Zu Beginn der Neunziger sieht er die öffentliche Meinung als einen ‚Spiegel', der die ‚wechselseitige Beobachtung von Beobachtern' ermöglicht (1990a; 1992a). Vor allem Regierung, Opposition und Publikum – so formuliert er hier – benötigen die öffentliche Meinung um einander zu beobachten und dadurch einen zumindest rudimentären Überblick über die Komplexität des politischen Systems zu erhalten (1992a: 84f). Die Rolle der Massenmedien bei der Konstruktion der öffentlichen Meinung wird in diesen Ausführungen aber noch sehr wenig diskutiert (Marcinkowski 2002: 86ff; Görke 2003: 121ff). Erst 1996 beschreibt Luhmann die Massenmedien in einer eigenen Monographie als eigenständiges Funktionssystem der modernen Gesellschaft. Die Vorstellung ist nun, dass die Massenmedien die Funktion des ‚Dirigierens der Selbstbeobachtung des Gesellschaftssystems' übernehmen (1996a: 173). Ein Großteil der kommunikativen Beobachtung der Gesellschaft läuft also über die Massenmedien. Diese sorgen mit ihrer Eigenlogik für eine Betonung bestimmter Aspekte und für eine Vernachlässigung von anderen Aspekten.

Die in den Massenmedien präsentierte ‚Realität' ist also keine Eins-zu-Eins-Abbildung der Gesellschaft, sondern in großen Teilen der Operationsweise der Massenmedien geschuldet. Für die Politik und die Konstruktion der öffentlichen Meinung interessiert vor allem der Bereich der Nachrichten und Berichte. Hier sorgt die Operationsweise für eine Betonung von neuen Ereignissen, von Überraschungen, Normverstößen und Konflikten, von Quantitäten (vor allem von großen Zahlen) und von Ereignissen, die räumlich möglichst nah am Publikum stattfinden (Luhmann 1996a: 58ff).

Die strukturelle Kopplung von Massenmedien und Politik über die öffentliche Meinung bewirkt nun zweierlei: zum einen eine Ausrichtung von Programmschemata an politischen Prozessen. Dazu gehört etwa die Einrichtung regelmäßiger politischer Nachrichten, die Berichterstattung über Wahlen und Umfragen, sowie die Orientierung an Ereignissen wie Parteitagen, Parlamentssitzungen, internationalen Konferenzen, aber auch Großdemonstrationen von Gewerkschaften oder Protestbewegungen.

Zum anderen sorgt die strukturelle Kopplung auf der Seite der Politik für eine Ausrichtung an der Eigenlogik der Massenmedien (Luhmann 2000: 290ff, 307ff). Folgen sind etwa die Personalisierung von Politik, die Inszenierung von Ereignissen und Konflikten für die Massenmedien, ein starker Bezug auf lokale Interessen (Ethnozentrismus), aber vor allem: eine Ausrichtung von Politik an den extrem kurzen Themenzyklen der Massenmedien. Diese Schlagworte werden heute mit dem Begriff ‚Mediendemokratie' gefasst. Die Massenmedien wer-

3.7 Strukturelle Kopplungen

den dadurch jedoch nicht Teil des politischen Systems. Beide operieren weiterhin mit ihrer eigenen Logik. Aber genau diese Logiken sorgen für die strukturelle Kopplung und für eine starke Ausrichtung der beiden Systeme aneinander.

(b) Eine sehr starke Kopplung entsteht in der Moderne zwischen der Politik und dem *Rechtssystem*. Schließlich tauchen viele der kollektiv bindenden Entscheidungen als Gesetze in juristischen Auseinandersetzungen auf. Im Rechtssystem übernimmt die *Gesetzgebung* somit die Rolle der Peripherie. Die Gerichte als Zentrum des Rechtssystems hingegen bleiben frei von direkter politischer Einflussnahme. Einzig über die Gesetzgebung wird ein Kontakt zwischen Politik und Recht hergestellt (Luhmann 1993: 299ff, 321ff). Aber genauso wie damit politische Kriterien in das Rechtssystem fließen, muss auch die Politik jetzt stärker juristische Überlegungen zu Prämissen ihrer Entscheidungen machen: Sind Entscheidungen konsistent mit geltenden Gesetzen? Ist eine bestimmte Regelung juristisch überhaupt durchsetzbar? Fragen wie diese führen nicht zuletzt zu einem hohen Bedarf an juristisch geschulten Personen in Parteien, Verbänden und im administrativen Apparat.

Diese enge Kopplung hat dafür gesorgt, dass viele Beobachter (unter anderem Jürgen Habermas; 1992) von einem zusammenhängenden politisch-rechtlichen System gesprochen haben. Niklas Luhmann zufolge verkennt eine solche Betrachtung aber die jeweiligen Eigenlogiken dieser beiden Bereiche, die im einen Fall auf der Generalisierung politischer Macht und im anderen auf der Etablierung positiver Rechtsnormen beruht (1993: 407ff). Und schließlich erlaubt eine solche getrennte Betrachtung auch erst eine Untersuchung der Frage: Wie sind diese beiden sehr unterschiedlichen Bereiche trotzdem aneinander gekoppelt?

Grundlage des oben skizzierten engen Zusammenhangs zwischen Recht und Politik ist eine Errungenschaft der Moderne: die *Verfassung* (Luhmann 1990b; 2000: 391f). Verfassungen entstehen in der Moderne als eine Antwort (und als Katalysator) der zunehmenden funktionalen Differenzierung. Mit der Zurückdrängung religiöser Motive aus immer mehr Lebensbereichen sind Politik und Recht in der Legitimation ihrer Prozesse immer mehr auf sich selbst gestellt. Die ‚Gottgegebenheit' der politischen und der rechtlichen Ordnung kann nun nicht mehr als Begründung für Entscheidungen genutzt werden. Stattdessen entsteht in der Aufklärung zunächst ein Bezug auf die ‚Natur des Menschen', aus der bestimmte Naturrechte abzuleiten wären. Auch diese Begründung staatlicher Ordnung überzeugt seit dem 19. Jahrhundert immer weniger – und Recht und Politik müssen ihre Legitimation nun über die Konsistenz ihrer *Verfahren* sichern (Luhmann 1969). In diesen Verfahren nutzen das Recht und die Politik aber Leistungen, die aus dem jeweils anderen System stammen. Im Rechtssystem werden immer weniger vorangegangene Einzelentscheidungen anderer Gerichte zur Grundlage der Rechtssprechung, sondern politisch entschiedene Gesetze (Luhmann 1990b: 185ff). Diese Unterscheidung zwischen Recht und Unrecht muss nun über ‚positiv' geltende Rechtsnormen laufen. Letzter Bezugspunkt dieser Positivität des Rechts ist die Verfassung mit ihren Bestimmungen über Rechtsstaatlichkeit und unveräußerliche Rechte (die auch von Gesetzen nicht eingeschränkt werden dürfen).

Auf der anderen Seite wird die Politik zunehmend mit der Frage nach der Rechtmäßigkeit ihrer Entscheidungen konfrontiert (Luhmann 1990b: 193ff). Grundlage der Legitimation wird der Verweis auf rechtmäßige Verfahren, in deren Bahnen die Entscheidungen zustande gekommen sind. Entscheidungen können jetzt nicht mehr durch Willkür der Machthaber entstehen, sondern beruhen auf rechtlich kodifizierten Bestimmungen über Wechselspiel und Entscheidungskompetenzen der politischen Kräfte: der Verfassung. Andererseits legt die Verfassung auch die Rolle politisch formulierter Gesetze im Rechtssystem fest. Die Verfassung sichert damit das Institutionengefüge in Recht und Politik und deren Wechselspiel. Sie ist letzter Bezugspunkt der Entscheidungen über Recht und Unrecht im Rechtssystem und ‚konstituiert' die Verfahren der politischen Entscheidungsfindung.

Im Sinne Luhmanns fungiert die Verfassung damit in beiden Systemen als ‚Entparadoxierung' der eigenen Operationen (1990: 210; Brodocz 2003a: 168ff). Politische und juristische Entscheidungen werden nun mit Verweis auf das jeweils andere System begründet – und eben das erlaubt in beiden Systemen ein selbstreferentielles Weiterlaufen. Verfassung ist damit nicht nur eine Kopplung zwischen Recht und Politik, sondern erlaubt überhaupt erst deren Trennung voneinander. Denn indem die Verfassung den wechselseitigen Einfluss der beiden Systeme festlegt, kann die Politik auf gerichtliche Entscheidungen nur noch per Gesetz Einfluss nehmen – und nicht mehr über Druck im Einzelfall. Und das Rechtssystem muss Entscheidungen über die Rechtmäßigkeit politischer Entscheidungen immer über die Verfassung begründen – und nicht mehr über Naturrechte oder andere nichtkodifizierte Rechtsprinzipien. Auch hier sorgt die strukturelle Kopplung also für beides: einen wohlkonditionierten Einfluss der beiden Systeme aufeinander – und dabei trotzdem deren Unabhängigkeit in ihren Entscheidungen.

(c) Während Massenmedien und Recht eher auf die Struktur der politischen Auseinandersetzung einwirken, geht es bei der strukturellen Kopplung von Politik und *Wirtschaft* um die Inhalte von Politik: um konkrete wirtschafts-, haushalts- und finanzpolitische Programme. Da öffentliche Ausgaben und Einnahmen immer schon Teil des wirtschaftlichen Geschehens sind, bildet die *Finanzierung*

3.7 Strukturelle Kopplungen

öffentlicher Haushalte grundsätzlich eine strukturelle Kopplung von Politik und Wirtschaft (Luhmann 2000: 383f). Jede Ausgabe, jede Aufnahme von Schulden durch die Politik ist eine Zahlung im Wirtschaftssystem und greift damit in dessen Prozesse ein. Besondere Bedeutung erhalten aber in der Moderne die *Steuern und Abgaben*, über die ein Großteil der Einnahmen des Staates gesichert wird.

Seit dem Mittelalter lösen sich mit dem Aufstieg des Bürgertums (und der relativen Verarmung der landbesitzenden Adeligen) ökonomischer Besitz und politische Macht voneinander (Luhmann 1987a). Die ‚demokratische' Ersetzung des Monarchen durch gewählte Volksvertreter an der Spitze des Staates ist nur der letzte Schritt in der Trennung von Wirtschaft und Politik in der Moderne. Doch damit gewinnen beide Systeme nicht nur eine Eigendynamik auf der Basis der Medien Macht und Geld. Wie zwischen Recht und Politik sorgt gerade die Trennung von Wirtschaft und Politik für einen Bedarf an Abstimmung. Die Politik braucht nun Finanzmittel für die Bewältigung der eigenen Aufgaben von Militär und Polizei bis hin zu wohlfahrtsstaatlichen Leistungen. Auf der anderen Seite entstehen immer mehr Forderungen zur politischen Steuerung wirtschaftlicher Prozesse – vom Ausgleichen ökonomischer Schwankungen bis hin zur Abschwächung von Ungleichheiten.

Das wichtigste Instrument zur Lösung dieser beiden Probleme sind nach Luhmann die Steuern (1997: 781f; 2000: 385ff). Steuern lösen zum einen den Finanzbedarf des Staates, der seine Mittel nun nicht mehr aus Vermögen und Einkommen der Machthabenden ziehen kann. Zum anderen kann die Politik über Steuern und Abgaben wenigstens ansatzweise in die Dynamik der ökonomischen Prozesse eingreifen. Eine richtiggehende ‚Steuerung' ist auf diese Weise zwar nicht möglich, denn die Wirtschaft folgt weiterhin ihrer eigenen, am Geld orientierten Logik (Luhmann 1988: 324ff). Allerdings wirkt die Politik über Steuern auf die Preise ein und kann dadurch die Zirkulation von Waren, Arbeit und Geld beeinflussen. Auch hier läuft die strukturelle Kopplung also über die Programme. Der Code von Zahlung und Nicht-Zahlung wird nicht außer Kraft gesetzt, wohl aber ändern sich durch Steuern die Kriterien seiner Anwendung: die Preise.

Auf der anderen Seite sorgt die strukturelle Kopplung auch für eine Abhängigkeit der Politik von der Wirtschaft. Wenn Steuern die Finanzierung des Staatshaushalts sichern, hängen staatliche Ausgaben immer mehr an der wirtschaftlichen Lage. Eine Rezession etwa sorgt für schwindende Steuereinnahmen und setzt damit den Staatshaushalt unter Druck. Man kann dann Kredite aufnehmen (unter Inkaufnahme immer größerer Zinsausgaben), die Ausgaben reduzieren oder die Steuern hochfahren – mit dem Ergebnis, dass den jeweiligen Märkten noch mehr Geld entzogen wird. Sowohl Ausgabenreduktion als auch Schuldenmachen und Steuererhebungen sind als politische Programme gegenwärtig nicht sehr populär. Deswegen werden Wahlerfolge abhängig von wirtschaftlichen Entwicklungen, die die Politik nur in sehr geringem Maße beeinflussen kann (Luhmann 1997: 781). Verschärft wird dieses Problem dadurch, dass Politik in hohem Maße an den Nationalstaat gebunden bleibt, während wirtschaftliche Prozesse mehr und mehr im globalen Wechselspiel ablaufen und von einzelstaatlichen Entscheidungen immer weniger abhängen (Luhmann 1995). Deswegen konzentriert sich Politik zusehends auf eine neue Form der Kopplung mit der Wirtschaft: Mit *Standortpolitik* wird versucht, Investitionen in das jeweils eigene Territorium zu locken (Luhmann 2000: 387). Dadurch treten politische Körperschaften (Gemeinden, Länder, Staaten, Staatenverbünde) letztlich in eine wirtschaftliche Konkurrenz miteinander – und Wahlen werden immer stärker über solchen ökonomischen Erfolg entschieden.

(d) Öffentliche Meinung, Verfassung und Steuern sind möglicherweise die wichtigsten strukturellen Kopplungen der Politik mit anderen Funktionssystemen. Es bestehen aber noch weitere Kopplungen: So lässt sich die Politik von der *Wissenschaft* in der Form von *Beratung* beeinflussen (2000: 393ff). Auf diese Weise greift die Politik auf Erkenntnisse der Wissenschaft zurück – die Entscheidungen muss sie aber danach immer noch nach politischen Gesichtspunkten treffen. Ebenfalls in der Wissenschaft (wie in vielen anderen Bereichen) findet sich eine strukturelle Kopplung mit Politik über *Organisationen* (Luhmann 2000: 396ff). Hochschulen etwa sind meist öffentlich finanziert und die klassischen Organisationen des Wissenschaftssystems. Ähnliches gilt für Schulen im Erziehungssystem. Und staatliche Krankenhäuser sind in das System der Krankenbehandlung einzuordnen. All diese Fälle sind durch unterschiedliche Balancen von politischer Einflussnahme und autonomer Selbstverwaltung gekennzeichnet. Auf diese Weise und über Rahmenrichtlinien und staatliche Kontrolle von anderen Anbietern versucht die Politik in diesen Bereichen eine flächendeckende Versorgung und Mindeststandards für Qualität zu sichern.

Auffällig ist neben dieser starken Rolle von Organisationen, dass keine strukturelle Kopplung an das *Religionssystem* besteht. Die Religion ist in der Moderne aus immer mehr Lebensbereichen herausgedrängt worden und hat – im Gegensatz etwa zu Politik und Wirtschaft oder Politik und Recht – diese Trennung kaum über strukturelle Kopplungen abgefedert (Luhmann 1997: 787). Während sie in feudalen Gesellschaften noch sehr stark die symbolische Fundierung aller sozialen Strukturen übernahm, rückt sie mit der funktionalen Differenzierung mehr und mehr in die Rolle einer losgelösten Instanz zur Sinngebung. Und diese Sinngebung läuft zunehmend gegen die dominanten Strukturen von Wirtschaft, Wissenschaft, Politik und Recht.

Wie jedes soziale System, so muss auch die Politik dem Umstand der Beteiligung von Menschen beziehungsweise *psychischen Systemen* Rechnung tragen.

Auch wenn soziale Systeme grundsätzlich über die rein soziale Operation der Kommunikation laufen, benötigt Kommunikation die Beteiligung von psychischen Systemen – sonst liefe sie nicht weiter (1988a). Auch zu den psychischen Systemen muss die Politik also wie zu anderen Funktionssystemen so etwas wie eine wechselseitige Erwartungsstruktur etablieren. Und dies läuft nach Luhmann über die *Personen von Entscheidern* (2000: 375ff). Personen sind Luhmann zufolge soziale Konstrukte und dienen vor allem der Disziplinierung der Partizipation von Menschen (1991a). Wenn ich in sozialen Kontexten als ‚Person' beobachtet werde, sind damit immer auch bestimmte Erwartungen an mein Verhalten verknüpft, die den reibungslosen Ablauf von Kommunikation sichern sollen. Für die Politik bedeutet dies: Entscheider werden in der Politik mit einer Reihe von Erwartungen konfrontiert. Diese sorgen dafür, dass die politischen Entscheider sich den Regeln des politischen Spiels anpassen. Da die Politik die Bewusstseinsprozesse der Beteiligten selbst nicht kontrollieren kann, läuft diese Disziplinierung der Entscheider vor allem über die Selektion von Personen (Luhmann 2000: 375f). In ein Amt werden typischerweise nur Personen gewählt (oder bestimmt), die sich bereits auf unteren Ebenen des Systems bewährt haben.

Auf der anderen Seite sorgt diese strukturelle Kopplung natürlich auch für einen begrenzten Einfluss der Entscheider auf das politische System – so lange sie im Rahmen der Spielregeln bleiben. Organisationen nutzen allgemein Personen, um sich von ihrer Umwelt irritieren zu lassen (2000a: 81ff, 279ff). Personen sorgen dafür, dass soziale Systeme in ihren selbstreferentiellen Operationen nicht zu autistisch werden. So sieht das politische System Spielräume für die Beteiligung seiner Amtsinhaber vor, innerhalb derer sie ihre eigenen Vorstellungen und ihre eigene Sicht der Dinge einbringen können. Und die politische Wahl wird damit neben einer Abstimmung über politische Programme auch zu einer Auswahl der Personen, durch die sich das politische System besonders irritieren lässt.

3.8 Zusammenfassung

Insgesamt liefert Niklas Luhmann eine komplexe und zum Teil sehr detaillierte Architektur des politischen Systems. Während Easton ein analytisches Schema zur Anleitung politikwissenschaftlicher Forschung entwickelte, verortet Luhmann das politische System in einer Großtheorie der Gesellschaft und aller in ihr ablaufenden sozialen Prozesse. Insofern entspricht die Luhmannsche Theorie der Politik der allgemeinen Tendenz der Politikwissenschaft in der Folge der Studentenbewegung: Politik wird nicht mehr als losgelöstes Phänomen verstanden, sondern eingebettet in andere gesellschaftliche Phänomene. Politik wird bei

Luhmann ein Funktionssystem neben anderen (der Wirtschaft, aber auch dem Recht, der Kunst, der Familie, den Massenmedien, der Wissenschaft, der Religion, etc.). Diese Sichtweise erlaubt es, die Möglichkeiten und die Grenzen von Politik genauer zu sehen. Um auch die interne Dynamik der Politik zu verstehen, behält Luhmann den Systembegriff von Parsons und Easton bei, fasst ihn aber grundlegend neu. Mit Hilfe von Erweiterungen (aus der Neurobiologie und aus dem Konstruktivismus) wird nun das politische System zu einem Sinngebilde, dass sich über Grenzziehungen und über spezifische Operationen ständig reproduziert und von seiner Umwelt abgrenzt (differenziert).

Ausgangspunkt ist dabei die allgemeine Funktion der Reduktion sozialer Komplexität. Das politische System sorgt zunächst einmal ganz allgemein für eine Strukturierung von Kommunikation und ist darin vergleichbar ganz anderen sozialen Systemen (alltäglichen Begegnungen, Organisationen, anderen Funktionssystemen wie Wirtschaft, Wissenschaft, Recht, Familie, Massenmedien, Erziehung). Das politische System ist demnach das Ergebnis von Entwicklungsprozessen, die so, aber auch anders verlaufen konnten. Die Funktion des Bereithaltens der Kapazität für kollektiv bindendes Entscheiden ist nach Luhmann ein exklusives Identifikationsmerkmal des politischen Systems. Damit ist diese Funktion keine latente wissenschaftliche Begründungskategorie, sondern einer der Aspekte, mit denen sich das politische System von seiner Umwelt unterscheidet (differenziert). Auch die Kontingenzformel ‚Gemeinwohl' ist ein solches Distinktionsmerkmal. Im politischen System wird die Vorstellung eines Gemeinwohls immer wieder herangezogen, um einen Bedarf an kollektiv bindenden Entscheidungen deutlich zu machen.

Andere Aspekte sind mit den Begriffen ‚symbolisch generalisiertes Kommunikationsmedium', ‚Code' und ‚Programm' verknüpft. Das symbolisch generalisierte Kommunikationsmedium der Politik ist Macht. Soziale Situationen können über Macht ganz ähnlich wie über Geld (oder über Recht oder Liebe oder wissenschaftliche Wahrheit) strukturiert werden: Macht sorgt dafür, dass Entscheidungen auch bei Dissens akzeptiert (und befolgt) werden, genauso wie Geld den Zugriff auf knappe Güter reguliert. Grundlage der Generalisierung von politischer Macht ist die Monopolisierung von physischen Gewaltmitteln im jeweiligen Territorium. Wenn Machtbeziehungen in Ketten hintereinander gekoppelt werden, entsteht aus der mangelnden vollständigen Steuerbarkeit aber immer auch das Phänomen der informellen Gegenmacht. Solche Gegenmacht lässt sich insbesondere im großen Einfluss der Verwaltung auf politische Entscheidungen beobachten.

Aufbauend auf dem Medium Macht war der Code des politischen Systems zunächst die Unterscheidung zwischen machtüberlegen und machtunterlegen. Mit der Einrichtung demokratischer Verfahren wird aber mehr und mehr der

3.8 Zusammenfassung

Gegensatz von Regierung und Opposition zur zentralen Leitunterscheidung der Politik. Ein solcher Code zeichnet sich dadurch aus, dass beide Seiten im System anschlussfähig sind und immer neue Kommunikation stimulieren. Forderungen werden immer an Regierung und Opposition gerichtet. Auch die Opposition sorgt in der Politik mit eigenen Vorschlägen für immer neue Anschlusskommunikation. Wie bei allen Codes gibt es beim politischen Code einen Präferenzwert (Regierung) und einen Reflexionswert (Opposition). Während die Regierung die erstrebenswerte Seite der ‚gespaltenen Spitze' markiert, setzt die Opposition durch ihre bloße Existenz (und den damit möglichen Machtwechsel) die Regierung unter Druck und sorgt so für Reflexion im System. Politische Programme schließlich sind die Regeln für die Anwendung dieses Codes – und sorgen zumindest bei Wahlen dafür, dass Regierung und Opposition mit Hinblick auf ihre Programme bestätigt oder ausgetauscht werden.

Bei den Strukturen des politischen Systems lässt sich zunächst eine segmentäre Differenzierung in Nationalstaaten beobachten. Diese Staaten sind intern meist funktional differenziert in den exekutiven Teil der Verwaltung und den ‚engeren Bereich der Politik' mit dem Zusammenspiel von Regierung, Opposition, Parteien, Interessensverbänden und sozialen Bewegungen. In demokratischen Regimes bilden Regierung und Opposition das Zentrum der Politik. Darum gruppieren sich Parteien und Interessensverbänden und – in etwas größerer Distanz – die sozialen Bewegungen als Peripherie. Die Peripherie verdichtet politische Forderungen zu Themen und konkreten Entscheidungsvorschlägen für das politische Zentrum.

Mit anderen Funktionssystemen ist die Politik nach Luhmann über strukturelle Kopplungen verknüpft. Dazu gehört das Zusammenspiel aus Massenmedien und Politik in der öffentlichen Meinung. Diese führt in der Politik zu einer Inszenierung von Ereignissen, zu Personalisierung, Betonung von Konflikten und zu sehr kurzen Konjunkturzyklen der politischen Agenda. Die wichtigste Kopplung mit dem Rechtssystem besteht in der Verfassung, die auf beiden Seiten eine Entparadoxierung über den Verweis auf das jeweils andere System leistet. Nicht zuletzt deswegen muss die Politik stark auf die juristische Dimension ihrer Entscheidungsprozesse achten. Mit der Wirtschaft ist die Politik vor allem über Steuern und Abgaben verknüpft. Dies sorgt für eine zunehmende Abhängigkeit der politischen Machtverteilung von ökonomischen Entwicklungen. Weitere strukturelle Kopplungen der Politik an andere Bereiche sind etwa in den Organisationen der Universitäten, der Krankenhäuser und Schulen zu finden. Mit psychischen Systemen ist politische Kommunikation über die Konstruktion von Entscheidungspersonen gekoppelt.

Neben der Kommunikationstheorie (mit der Theorie symbolisch generalisierter Kommunikationsmedien) und der Theorie der Systemdifferenzierung bildet die Evolutionstheorie die dritte große Säule der Luhmannschen Gesellschaftstheorie (1997: 413ff). Während die Differenzierung des politischen Systems und die Überbrückung der doppelten Kontingenz durch politische Macht oben vorgestellt wurden, ist die Frage der Evolution von Politik weitgehend ausgeklammert worden. Dabei geht es einerseits darum, wie sich die Politik in der Moderne ausdifferenziert und die oben skizzierten Eigenschaften erhält. Und zweitens müsste eine solche Evolutionstheorie der Politik rekonstruieren, wie das politische System politische Kommunikation variiert, Erwartungsstrukturen auswählt und das gesamte System in jedem Fall anschließend wieder stabilisiert. Es gibt zu diesen Fragen inzwischen einige systemtheoretische Überlegungen – auch von Luhmann selbst (2000: 407ff; Wimmer 1996; Hellmann 2003). Diese sind bisher aber wenig einheitlich und insgesamt noch weniger ausgearbeitet als die Machttheorie und die Theorie der Ausdifferenzierung des politischen Systems. Deswegen und aus Platzgründen wurde die Evolution der Politik von der vorliegenden Darstellung ausgespart.

Ebenfalls ausgespart wurde der wichtige Bereich der politischen Ideengeschichte, den Luhmann unter dem Begriff ‚Selbstbeschreibungen des politischen Systems' abhandelt. Auf der Ebene von semantischen Analysen belegt Luhmann sehr detailliert, wie sich in der Literatur der frühen Neuzeit die Ausdifferenzierung eines eigenständigen politischen Systems widerspiegelt (1989b; 2000: 319ff). Dies macht er etwa an der frühmodernen Konstruktion von ‚Staatsräson' deutlich und an den historisch neuen Prägungen der Begriffe ‚Repräsentation', ‚Souveränität' und ‚Demokratie'. Auf diese Weise lässt sich die politische Ideengeschichte als ein Spiegelbild der Evolution von Politik sehen (Göbel 2000: 161ff; 2003).

Die zentralen Punkte der Luhmannschen Theorie des politischen Systems sind mithin ein Nachzeichnen des politischen Systems mit einer sehr allgemeinen, abstrakten und eher anwendungsfernen Theoriearchitektur, ein rekonstruktiver Systembegriff und die Verortung des politischen Systems im Zusammenhang der funktional differenzierten Gesellschaft der Moderne. In diesen Punkten unterscheidet sich Luhmann wesentlich vom stärkeren Anwendungsbezug, dem analytischen Systembegriff und der Anwendung auf verschiedene Typen politischer Systeme bei Easton (s.o., 2.10.). Diese Unterschiede sollen im abschließenden Vergleichskapitel noch einmal aufgenommen werden. Zuvor soll im nächsten Abschnitt das Augenmerk auf die wissenschaftliche Diskussion der Positionen Luhmanns geworfen werden.

Die Luhmannsche Theorie der Politik liefert eine große Herausforderung an die Politikwissenschaft – und das sowohl auf der theoretischen als auch auf der methodischen Ebene (Greven 1998). Während David Easton aber sowohl in der Theoriebildung als auch in der empirischen Forschung enorm einflussreich war und ist, hat Luhmanns Theorie hier bisher eher eine Randposition in der Politikwissenschaft. Zudem scheint sein Einfluss bisher allein auf der theoretischen Ebene zu liegen und die empirische Forschung noch kaum zu treffen. Luhmann hat damit das von Easton beklagte Auseinanderdriften der Disziplin nicht aufhalten können (oder gar eine theoretische Integration leisten können), sondern den verschiedenen theoretischen Strömungen eine weitere hinzugefügt. Vielleicht könnte man formulieren: Luhmanns Theorie wirkt bisher eher als Irritation auf die Politikwissenschaft, während Easton zumindest für eine kurze Zeit ein autoritatives theoretisches Programm für die Gesamtdisziplin lieferte.

3.9 Kritik

Niklas Luhmanns Theorie des politischen Systems hat zum einen ganz ähnliche Kritik auf sich gezogen wie die Eastons. Moniert wurden wie bei Easton der mangelnde Bezug auf menschliche Individuen und deren Handlungen (a) und eine ‚unkritische' Haltung gegenüber politischen Verhältnissen (b). Zum anderen wurden gegenüber Luhmann auch Kritikpunkte formuliert, die bei Easton so nicht zu finden waren: Dazu gehören zum einen die Frage der Steuerungsfähigkeit von Politik (c) und zum anderen die Ferne der Theorie gegenüber empirischer Forschung (d). Diese vier vielleicht wichtigsten Kritikpunkte sollen im Folgenden kurz diskutiert werden.

(a) Wie nicht anders zu erwarten wurde Luhmann von Seiten der Handlungstheoretiker für seinen mangelnden Bezug zu menschlichen Individuen und deren Handlungen kritisiert. Sehr viel stärker als Easton verbannt Luhmann die psychischen Systeme in die Umwelt der Gesellschaft (und des politischen Systems) und baut seine Theorie insofern ‚antihumanistisch'. Dagegen bestehen vor allem Vertreter des Rational-Choice-Ansatzes darauf, dass soziale Phänomene immer nur über die Ebene des Individuums zu erklären seien. Ein Argument lautet: Individuen ‚sind' die grundlegende Einheit des Sozialen (Coleman 1990: 3f). Eine solche ontologische Perspektive wird von Luhmann abgelehnt. Er sieht den Menschen im Schnittfeld von biologischen, psychischen und sozialen Prozessen (1985). Indem die Handlungstheorie auf der Unteilbarkeit des Menschen (‚Individuum') besteht, verkenne sie die Eigendynamik dieser verschiedenen Ebenen und verbaue sich damit wichtige Analysemöglichkeiten. Teil der Eigendynamik sozialer Systeme wäre, dass sie psychische Systeme nicht durchschauen können. Deswegen versucht etwa die Politik über Umfragen, etwas über die Präferenzen des Publikums zu erfahren. In der Konstruktion von Entscheidern als Personen (und deren Karrieren) konditioniert das politische System die Beteiligung psychischer Systeme an ihren Prozessen – eben wegen der prinzipiellen Unberechenbarkeit psychischer Prozesse (s.o., 3.7.d.).

Demgegenüber argumentiert die Handlungstheorie, dass das Ausblenden individueller Motive aus der Systemanalyse die wichtigste Triebkraft sozialer Prozesse ignoriere (Esser 1993: 509ff, 532f). Während das erste Argument ontologisch gebaut war, geht es hier um analytische Standpunkte: Der Handlungsbegriff sieht eben die individuellen (psychischen) Orientierungen als wichtigste Ursache sozialen Handelns – auch wenn soziale Strukturen im Sinne von Einschränkungen und Ressourcen eine Rolle spielen. Luhmann hingegen baut seine Theorie auf das (rein soziale) Erfordernis des Anschlusses von Kommunikation an vorhergehende Kommunikation. Psychische Prozesse werden nur noch als ‚Irritation' dieser sozialen Prozesse betrachtet (die gleichwohl einen gewissen Einfluss auf Systemzustände haben). Im Prinzip sind sich damit beide Theorien einig, dass beide Komponenten eine Rolle in der Konstitution sozialer Phänomene spielen: psychische und soziale Prozesse. Die Frage ist nur, welche Ebene als Startpunkt der Analyse (und wichtiger für das Gesamtbild) gesehen wird.

Allerdings muss man mit Daniel Barben die Frage stellen, ob Luhmann den (nachrangigen) Einfluss psychischer Prozesse auf das Soziale überhaupt einen angemessenen Platz in seiner Theorie einräumt (Barben 1996: 237f). Luhmann spricht zwar von einer ‚Beteiligung von Bewusstsein an Kommunikation' (1988a), blendet diese Frage in seinen Werken aber meist aus. Barben spricht von der Beteiligung (‚Partizipation') als einem ‚Verlegenheitsbegriff', der die ‚konstitutive' Rolle von Akteuren in sozialen Systemen nicht fassen könnte. Ähnlich formulierte Will Martens in seiner (konstruktiv gemeinten) Kritik an der vollständigen Loslösung des Kommunikationsbegriffes von psychischen Prozessen bei Luhmann (Martens 1991). Luhmann benutzt die Begriffe ‚Interpenetration' und ‚strukturelle Kopplung' für das Verhältnis zwischen Bewusstsein und Sozialem (und damit auch den Einfluss psychischer Prozesse auf soziale Systemzustände). Allerdings erscheinen diesbezügliche Ausführungen eher am Rande – im Vordergrund steht meist die selbstreferentielle Konstitution des Sozialen. Dies mag auch daran liegen, dass bei der Frage der Wechselwirkung zwischen verschiedenartigen Systemprozessen (etwa zwischen psychischer und sozialer Ebene) immer noch Klärungsbedarf besteht.

(b) Wie Easton, so ist auch Luhmann eine ‚unkritische' affirmative Haltung gegenüber den gesellschaftlichen Verhältnissen vorgeworfen worden. Jürgen Habermas etwa schreibt, Luhmann treibe „die neokonservative Affirmation der Moderne auf die Spitze" (1985: 411). Luhmanns Theorie sei zwar „im Hinblick auf Konzeptualisierungskraft, theoretische Phantasie und Verarbeitungskapazität unvergleichlich" – aber dies eben nur um den Preis, alle Möglichkeiten einer kritischen Wissenschaft aufzugeben. Diese Kritik ist insofern gerechtfertigt, als Luhmann die Aufgabe von Wissenschaft nicht in der Wertung, sondern in wertneutraler Deskription sieht. Politik und Wissenschaft seien zwei unterschiedliche Bereiche – und die Wissenschaft habe soziale Phänomene nicht zu bewerten, sondern nur zu analysieren. Die von Habermas vertretene ‚Kritische Theorie' hält dagegen, dass jede Beschreibung sozialer Phänomene immer auch politische und moralische Qualitäten hat (hierin erinnert die Kritik von Habermas an Luhmann an die von Miller an Easton; s.o., 2.11.c). Wissenschaft dürfe sich deswegen Werturteilen nicht verschließen, sondern hätte diese sogar als eine ihrer Kernaufgaben. Allerdings bedeutet dies auch, dass kritische Sozialwissenschaftler solche Urteile auf der Basis eigener ethischer Grundpositionen fällen und die Bewertung sozialer Phänomene nicht dem politisch-gesellschaftlichen Diskurs überlassen.

Wenn die Luhmannsche Position einer ‚unpolitischen' Wissenschaft geteilt wird, muss immer noch gefragt werden: Ist Luhmanns Systemtheorie überhaupt wertneutral? Nach Habermas liegt eine ‚neokonservative Affirmation' schon im rein deskriptiven Anspruch der Systemtheorie begründet. Andere Kritiker werfen Luhmann aber vor, mit dem Grundaufbau seiner Theorie implizit ebenfalls Werturteile zu transportieren. So sieht Peter Sloterdijk in Luhmanns Theorie eine „Anwaltschaft für das Systemische" und eine „methodische Unschuldsunterstellung in bezug auf Systeme in ihren Umwelten" (2000: 18f). Denn wer sich überhaupt auf eine Beschreibung des Sozialen als Systeme einlasse, müsse damit auch diese Systeme von Vorwürfen für ihre Eigendynamik frei halten. Mit anderen Worten: Die systemischen Prozesse werden in Luhmanns Systemtheorie (wie in jeder anderen) nicht nur von moralischen Wertungen verschont – sie werden auch systematisch für moralisch unproblematisch erklärt.

Das gilt insbesondere für die von Luhmann konstatierte funktionale Differenzierung der Gesellschaft (Barben 1996: 242ff). Wirtschaft, Wissenschaft, Recht, Massenmedien und Politik operieren nach Luhmann als autopoietische Systeme. Jeder Versuch eines Eingriffs in ihre Eigenlogik wäre entweder zum Scheitern verurteilt oder im Sinne eines reibungslosen Ablaufs sozialer Prozesse zu unterlassen. In diesem Duktus kommentiert Luhmann etwa den Protest der Neuen Sozialen Bewegungen gegen Folgeprobleme der funktionalen Differenzierung: Auch wenn funktionale Differenzierung zu ökologischen Problemen, zu einer Tendenz zum Krieg als Mittel der Politik und zu großen Unterschieden zwischen arm und reich führt – das Prinzip der funktionalen Differenzierung selbst kann und darf nicht in Frage gestellt werden (1986: 207f, 234ff). Das betrifft zum einen die Frage der Eingriffsmöglichkeiten von Politik in andere Bereiche, die mit dem Begriff ‚Steuerung' verknüpft ist (und unter (c) diskutiert wird). Vor allem aber wehrt sich Luhmann gegen die Vorstellung, Politik und andere Funktionssysteme könnten oder sollten an Moral gebunden werden (1986: 245ff; 1993a; 1997: 403ff).

In einer Erwiderung auf Luhmann warnt Claus Offe (ein Schüler von Jürgen Habermas) davor, die Politik von moralischen Ansprüchen frei halten zu wollen (Offe 1986). Moral habe zwar auf der Ebene gewählter Eliten nichts zu suchen – soweit folgt er Luhmann. Entscheidend sei aber, dass Politik und politisches Personal ‚von unten' weiterhin an moralischen Ansprüchen gemessen werde – von sozialen Bewegungen und anderen Akteuren der Zivilgesellschaft, die sich gegen politische Eingriffe ‚von oben' wehren (1986: 231f). Wenn Luhmann hingegen die Politik von der Moral befreien möchte, benutze er einen ‚normativ bis auf die Knochen abgemagerten Demokratiebegriff' und verwickle sich damit ‚in allerlei immanente Ungereimtheiten' (Offe 1986: 218). Hinter dieser Kritik stehen aber nicht so sehr ‚immanente Ungereimtheiten' von Luhmanns analytischem System (die Offe in seinem Beitrag auch nicht aufzuzeigen vermag). Sondern dahinter steht allgemein die Frage des Verhältnisses zwischen analytischem Ansatz und politischen Aussagen. Auch wenn Luhmann beide Bereiche grundsätzlich trennen will, so hat er doch immer wieder sein analytisches Begriffssystem für politische Bewertungen genutzt – und damit die von ihm eingezogene Grenze selbst verletzt (1981; 1993a).

(c) Diese beiden Themen des Verhältnisses von Handlungen und sozialen Systemen einerseits und der Bewertung von funktionaler Differenzierung andererseits spielen auch in der bereits erwähnten *Steuerungsdebatte* eine wichtige Rolle. Nach Niklas Luhmann ist die moderne Gesellschaft primär von autopoietischen Funktionssystemen wie Wirtschaft, Politik, Recht, Wissenschaft, Massenmedien etc. geprägt. Das schließt es aus, die Politik als übergeordnete Instanz in der Gesellschaft zu begreifen, die andere Funktionssysteme steuern könnte. Ein autopoietisches System kann immer nur auf sich selbst einwirken – und das heißt: auf die Differenz von System und Umwelt. Dies hat Luhmann vor allem im Abschnitt ‚Grenzen der Steuerung' in *Die Wirtschaft der Gesellschaft* genauer ausgeführt (1988: 324ff). Dabei formulierte er:

> „Die Steuerung des Systems ist also immer Selbststeuerung, ob sie ... sich auf das System selbst bezieht oder auf seine Umwelt. Das politische System hat in dieser Hinsicht keine Ausnahmeposition; auch die Politik kann nur sich selber steuern, und wenn ihre Steuerung sich auf ihre Umwelt bezieht, dann eben auf *ihre* Umwelt." (1988: 334)

Die Systemtheorie nimmt damit einen sehr skeptischen Blick auf Möglichkeiten der politischen Einflussnahme auf andere Bereiche ein: Politik kann andere Bereiche nicht steuern, sondern höchstens durch eigene Differenzsetzungen irritie-

3.9 Kritik

ren. Aber dann muss die Politik immer noch damit leben, dass andere Bereiche (z.B. die Wirtschaft) auf ihre Weise auf solche Differenzen (z.B. Steuererleichterungen; s.o.) reagieren.

In der Politikwissenschaft sind solche Formulierungen ablehnend aufgenommen worden. In einem Streitgespräch auf dem Darmstädter Politologentag 1988 hat Fritz Scharpf – einer der wichtigsten Steuerungstheoretiker – Luhmann einen ‚radikalen Steuerungs-Pessimismus' vorgeworfen. Zum einen überschätze Luhmann die Schwierigkeiten der Steuerbarkeit: Politische Steuerung gehe auch in der Gegenwart noch massenhaft vonstatten – und zumeist erfolgreich (1989: 16f). Zum anderen unterschätze er die Rolle von Akteuren bzw. Akteurskonstellationen in der Politik. Nur weil Luhmann von der Eigendynamik von Systemen ausgehe, könne er die Möglichkeiten politischer Steuerung – aber auch deren Schwierigkeiten – nicht richtig einschätzen (Scharpf 1989: 12ff). Vor allem Organisationen (wie Verbände und Unternehmen) interagierten in verschiedenen Funktionssystemen (Politik, Wirtschaft, Recht, etc.) mit anderen Akteuren und wären auf diese Weise durchaus politisch zu beeinflussen. Fragwürdig sei in der Gegenwart vielmehr die Steuerungsfähigkeit von Politik, die zwar immer noch steuern könne, aber es oft gar nicht mehr versuche oder wegen falscher Instrumente scheitere (Scharpf 1989: 18).

Der Diskussionsbeitrag von Luhmann auf dem Politologentag wiederholte im Wesentlichen die oben skizzierte Position: Man müsse von Systemen statt von Akteuren ausgehen. Deswegen gehe der Scharpfsche Steuerungsoptimismus an den Problemen von Steuerung vorbei (1989a). Auffällig in dieser Kontroverse ist, wie sehr analytische Startbegriffe (Akteure, Systeme) und Grundeinschätzungen (Optimismus, Pessimismus) gegeneinander gesetzt wurden. Luhmann hat die grundsätzliche Möglichkeit einer politischer Steuerung nicht in Frage gestellt, sondern lediglich anders formuliert. Insofern greift Scharpfs Kritik ins Leere (Göbel 2000: 142ff). Andererseits hat Luhmann damals einseitig die ‚Grenzen der Steuerung' betont und deren Möglichkeiten weitgehend ausgeblendet. In einem späteren Beitrag klingt Luhmanns Position denn auch weitaus optimistischer: Bei politischer Steuerung gehe es darum,

> „die selbstorganisierte Sensitivität der Funktionssysteme auszunutzen, das heißt sie laufend in einer Weise zu irritieren, die eine interne Suche nach Problemlösungen auslöst. ... Dann wird sofort klar, daß Steuerung massenhaft geschieht – und in erheblichem Umfange gelingt. Man kann Steuerung in diesem Sinne geradezu als Hauptbetätigungsfeld der Politik ansehen." (1993b: 55f)

Luhmanns frühere Formulierungen waren vermutlich durchaus als Provokation gedacht. Das Ziel war es die Steuerungstheorie systemtheoretisch so zu irritieren, dass diese stärker mit der Eigendynamik sozialer Systeme rechnet. Neuere Arbeiten der Steuerungstheorie zeigen sich für diese Zusammenhänge tatsächlich sensibler (Mayntz 1995). Allerdings ist an diesem Beispiel zu fragen, ob die Gegenüberstellung von Akteuren und Systemen als theoretischen Ausgangspunkten sozialwissenschaftlich fruchtbar ist.

Helmut Willke hat im Anschluss an Luhmanns Systemtheorie eine Staats- und Steuerungstheorie ausgearbeitet, die dem üblichen Vokabular der Politikwissenschaft näher steht (1992). Sein Grundgedanke lautet: Steuerung ist möglich, muss aber in der funktional differenzierten Gesellschaft anders gedacht und durchgeführt werden. So müsse die Politik weniger darauf setzen, andere Bereiche von außen dirigieren zu können. Stattdessen müsse Steuerung in Verhandlungssystemen ablaufen, in denen auch die Eigendynamik der anderen Bereiche (vor allem der Wirtschaft) stärker zu Wort komme. Allerdings hat sich Willke bei der Formulierung dieser Position in beträchtlichem Maße vom Vokabular der Luhmannschen Systemtheorie entfernt (Göbel 2000: 148ff).

(d) Während es bei den genannten Punkten um inhaltliche Aussagen der Theorie bzw. ihren Ausgangsannahmen geht, betrifft der vierte Kritikpunkt das Verhältnis der Theorie zu empirischer Forschung. Während Easton immer die Anwendbarkeit seiner Konzepte in empirischen Arbeiten im Blick hatte, konzipiert Luhmann seine Theorie als selbstbezügliches System und zunächst ohne Ausrichtung an Fragen der Operationalisierung. Die ‚Richtigkeit' einer Theorie liegt Luhmann zufolge in erster Linie in ihrer inneren Schlüssigkeit und Konsistenz (und in der Frage, ob sie auch sich selbst noch als Bestandteil der von ihr betrachteten Welt fassen kann; 1987b). Die Aufstellung von empirisch überprüfbaren Hypothesen wäre demnach nicht eine Hauptaufgabe von Theorie. Denn solche Hypothesen implizieren immer eine Vorstellung von Kausalität (von unabhängigen zu abhängigen Variablen), die Luhmann nicht teilt. Bei ihm dominieren selbstreferentielle Zirkel und wechselseitige Zusammenhänge – nicht monokausale Ursachen und Wirkungen.

Niklas Luhmann ist deswegen für die Empirieferne seiner Theorie kritisiert worden: So schreibt Hans Haferkamp:

> „Bei Luhmann ist noch heute eine Entscheidung über die Richtigkeit seiner Thesen auf nachvollziehendes Hineindenken angelegt, nicht aber auf Prüfung durch prinzipiell kooperativ gestimmte Forscherkollegen." (1987: 58)

Tatsächlich sperrt sich die Systemtheorie geradezu gegen eine Operationalisierung und Überprüfung ihrer Aussagen in empirischen Arbeiten (Scholl / Weischenberg 1998: 51ff). Niklas Luhmann hat vor allem die heute dominierende quantitative empirische Sozialforschung oft der Naivität geziehen (1993a: 249;

1997: 38ff). Dahinter steckt allerdings keine grundsätzliche Ablehnung quantitativer empirischer Forschung. Vielmehr kritisiert Luhmann die vorherrschende ‚theorieferne' Arbeitsweise und die Annahme, allein mit solchen in Interviews gewonnen Daten einen ‚empirischen' Weltbezug herzustellen. Interviewdaten müssten immer in einen theoretischen Zusammenhang eingeordnet werden, sonst wären sie lediglich eine unwissenschaftliche Zusammenfassung von Einzelbeobachtungen. Denn die Wissenschaft muss ihre Aussagen immer mit Hilfe von Methoden *und* Theorien (den Programmen des Wissenschaftssystems) als ‚wahr' oder ‚unwahr' einordnen (1990: 401ff). Insofern bleibt auch die empirische Forschung nach Luhmann weiterhin ein unverzichtbarer Bestandteil der Sozialwissenschaften:

> „Als empirische Wissenschaft kann die Soziologie den Anspruch nicht aufgeben, ihre Aussagen an Hand von Daten zu überprüfen, die der Realität abgewonnen sind, wie immer alt oder neu die Schläuche sein mögen, in die man das Gewonnene abfüllt." (1984: 7)

Dahinter steht ein ganz anderes Verständnis von *Empirie* als bei Easton: Während Easton eine konsequente Ausrichtung seiner Theorie an ihrer Verwendbarkeit in empirischer Forschung verfolgt, sieht Luhmann den Realitätskontakt einer Theorie nicht in ihrer Operationalisierung, sondern in ihrer Fähigkeit, soziale Phänomene genau und begrifflich konsistent zu beschreiben. Er möchte mit seiner Systemtheorie empirisch beobachtbare Prozesse der Komplexitätsreduktion, der Grenzziehung und Differenzierung nachzeichnen. Es geht ihm also um eine *begriffliche Rekonstruktion* von sozialen Prozessen, während Easton eine *analytische Reduktion* versucht. Insofern könnte man bei Luhmann von einem rekonstruktiven, bei Easton von einem analytischen Systembegriff sprechen.

Damit ist das Problem der Verknüpfung von Luhmanns Systemtheorie mit empirisch ansetzender Sozialforschung aber noch nicht gelöst. Auch eine begrifflich konsistente Theorie (die auch in der Lage ist, sich selbst zu beobachten) muss ihre Aussagen im Sinne des obigen Zitates dem Widerstand ihres Beobachtungsgegenstandes aussetzen. Nach Luhmann gibt es aber keine systematische Verknüpfung von Theorien mit bestimmten Methoden (1990: 404). Insofern könnte man unterschiedlichste Untersuchungsmethoden mit einem systemtheoretischen Ansatz vereinbaren – auch wenn einige Luhmann-Schüler eine besondere Eignung von qualitativen Methoden sehen (Nassehi / Saake 2002). Entscheidend wäre nur, dass die Ergebnisse konsequent im Rahmen der Systemtheorie interpretiert werden. Eine solche Verknüpfung von Systemtheorie mit empirischer Forschung ist bisher allerdings sehr selten versucht worden (Scholl / Weischenberg 1998).

4 Systemtheorien des Politischen im Vergleich

‚Politisches System', so eingängig dieser Begriff ist, so schwer scheint die Ausformulierung der genauen Bedeutung und der Implikationen eines solchen Begriffs. Der Systembegriff ist kein ‚unschuldiger' wissenschaftlicher Terminus, sondern fordert, dass man die mit ihm beobachteten Phänomene mit einer bestimmten Perspektive betrachtet. Dazu gehört zum ersten, dass man eine Abgrenzung des politischen Systems von anderen Bereichen der Gesellschaft vornimmt. Politik ist dann nicht mehr integral verwoben mit anderen Bereichen wie dem Recht und der Wirtschaft, sondern bildet von diesen abgetrennt einen eigenständigen Zusammenhang. Darauf weist schon die Tatsache hin, dass wir im alltagssprachlichen Gebrauch scheinbar kein Problem haben, zwischen ökonomischen, politischen und juristischen Belangen zu unterscheiden – auch wenn diese im Einzelfall miteinander verknüpft sein mögen. Die Luhmannsche Option, dass diese Bereiche ihre je spezifische Eigenlogik haben, erscheint auch vor dem Hintergrund des Auseinanderklaffens von globalisierter Ökonomie und nationalstaatlich strukturierter Politik plausibel.

Wenn also die Politik, Wirtschaft, Recht, Wissenschaft, Massenmedien, Erziehung, Familie etc. je abgetrennte Bereiche in der Gesellschaft darstellen, muss man zweierlei fragen: Wodurch grenzen sich diese Bereiche voneinander ab? Alleine deren Unterscheidung im alltäglichen Sprachgebrauch wird noch nicht dafür sorgen, dass diese Systeme voneinander unterscheidbar bleiben. Und zweitens: Was sorgt für die interne Ordnung dieser Systeme? Denn was voneinander unterschieden bleibt, muss offensichtlich eine interne Strukturierung von Prozessen aufweisen. Sonst liefen diese Prozesse Gefahr, sich allzu oft in andere Bereiche zu ‚verlaufen' und damit die Trennlinien zwischen Systemen aufzulösen. Gesucht werden also Mechanismen, mit Hilfe derer die Politik von anderen Bereichen abgetrennt bleibt.

(a) David Easton hat hier auf die Funktion des kollektiv bindenden Entscheidens verwiesen. Politik bestünde dementsprechend aus allen Handlungen, die auf kollektiv bindende Entscheidungen zielen. Die Ordnung der Politik bestünde also in der gemeinsamen Orientierung von Prozessen auf dieses Ziel. Diese Funktionsorientierung findet sich auch in der Theorie Niklas Luhmanns wieder. Er sieht im ‚Bereithalten der Kapazität für kollektiv bindendes Entscheiden' die Funktion des politischen Systems – eine nur leichte Erweiterung der Formulierung Eastons. Aber nicht nur in der Benennung der Funktion der Politik sind sich

4 Systemtheorien des Politischen im Vergleich

Easton und Luhmann einig: Beide lehnen auch den strukturfunktionalistischen Funktionsbegriff von Parsons ab, demzufolge die Politik eine objektiv notwendige Funktion (kollektive Zielerreichung) für die Gesellschaft zu erbringen hätte. Easton und Luhmann bestehen demgegenüber darauf, dass die Funktion als interner Bezugspunkt des Funktionssystems Politik dient. Funktion ist hier ein *empirischer* Begriff (der Bezug muss empirisch nachweisbar sein), während Parsons die Funktion als Teil eines *analytischen* Schemas für die Klassifikation von Strukturen sah.

Fraglich ist dann, inwiefern Easton tatsächlich einen analytischen Systembegriff verfolgt (2.4.c). Wenn das politische System durch das empirisch beobachtbare Ziel des kollektiv bindenden Entscheidens zusammen gehalten wird, dann müsste es sich um eine tatsächlich vorfindbare Ordnungsbildung handeln – nicht um eine rein analytische Kategorisierung des Sozialwissenschaftlers. Während Easton also prinzipiell einen analytischen Systembegriff verficht, definiert er die Politik als empirisches System. Sein Argument in diese Richtung läuft über den eigenwilligen Terminus des ‚interessanten' Systems. Dabei kann man vermuten, dass ein ‚interessantes' System eher eine empirische Ordnungsbildung bezeichnet, während rein analytische Systembegriffe eher ‚uninteressant' wären. Eastons Argumentation in dieser Richtung ist durchaus plausibel und behutsam vorgetragen – es fehlt ihr jedoch an der begrifflichen Stringenz, die wir etwa bei Luhmann finden.

Auch Niklas Luhmann geht von einem empirischen Systembegriff aus. Er begründet dies jedoch im Gegensatz zu Easton über seine allgemeine Theorie sozialer Systeme. Alle sozialen (Erwartungs-)Strukturen dienen bei ihm der allgemeinen Funktion der Reduktion sozialer Komplexität. Damit aber die Beteiligten (Alter und Ego) sich an solchen Strukturen orientieren können, müssen diese deutlich sichtbar sein. Die Aufgabe der Sozialwissenschaft liegt dann nicht mehr in der analytischen Kategorienbildung für solche Strukturen (wie bei Parsons), sondern in der *Rekonstruktion* tatsächlich ablaufender Prozesse. Das politische System ist dann ein soziales System neben anderen, das durch die Ausformung spezifischer Erwartungen seinen Zusammenhalt sichert.

Dazu verweist er vor dem Hintergrund seiner *Autopoiesis*-Theorie neben der Funktion auf weitere Mechanismen der Abtrennung und Ordnungsbildung des politischen Systems: Dies sind vor allem: eine Strukturierung politischer Kommunikation durch Macht, die Kontingenzformel des Gemeinwohls (mit der die Funktion intern verfügbar gehalten wird) und der Gegensatz von Regierung und Opposition als Code in demokratischen Systemen. Auf dieser Basis entwirft Luhmann eine ausgefeilte Theorie politischer Prozesse und Strukturen. Ein wesentliches Element dieser Theorie sind die Kreisläufe von Macht und Gegenmacht zwischen Verwaltung, politischem Publikum und dem engeren Bereich der Politik. Eastons Modell ist gegenüber der komplexen Theoriearchitektur Luhmanns einfacher und allgemeiner gehalten. Er sieht Demands und Support als Inputs des Systems und politische Entscheidungen als Outputs. Alle drei müssen in einem bestimmten Verhältnis zueinander stehen, um die Persistenz des politischen Systems zu sichern. Dies setzt vor allem ein gewisses Niveau an Unterstützung für Regime, Autoritäten und politische Gemeinschaft voraus und bestimmte Formen der Bearbeitung von Demands im System.

Im Gegensatz zu Luhmann hält Easton den *Machtbegriff* für zu amorph und vielschichtig und deswegen für prinzipiell ungeeignet für die Politikwissenschaft. Außerdem ginge es in der Politik oft auch um andere Ziele als um Macht (1953: 115ff; s.o. 2.3.). Tatsächlich ist schwer einsichtig, wie Macht analog zu Geld als symbolisch generalisiertes Kommunikationsmedium im politischen System fungieren soll. Schließlich zeichnet sich Macht – im Gegensatz zu Geld – dadurch aus, dass sie immer relational in Beziehungen zwischen Machtüberlegenem und Machtunterlegenem auftaucht. Geld hingegen ist stärker generalisiert und von konkreten Sozialbeziehungen zunächst unabhängig. Andererseits zeichnet sich Politik in der Moderne gerade durch eine von konkreten Amtsinhabern unabhängige Ämterstruktur aus. Und die Positionen innerhalb dieser Ämterstruktur sind im Verhältnis zu einander jeweils als machtüberlegen bzw. machtunterlegen gekennzeichnet. Insofern ist tatsächlich so etwas wie eine Generalisierung von Macht zu verzeichnen, die sich nun auf Ämter bzw. politische Positionen bezieht – und nicht mehr auf konkrete Personen.

Andererseits wird mit der Monopolisierung von Gewaltmitteln durch den Staat aber auch der Gebrauch von Macht im Außerpolitischen Bereich eingeschränkt und – wie Luhmann richtig vermerkt – politisch (und rechtlich) konditioniert. In Unternehmen und Familien, in Klassenzimmern wie im öffentlichen Leben wird der Gebrauch von Gewalt jetzt durch politisch-rechtliche Regelungen eingedämmt. Auf diese Weise erlaubt es der Machtbegriff auch, den Übergang zur Moderne auf dieser Ebene nachzuzeichnen. Dafür muss man aber – wie Luhmann – den Machtbegriff von seinem alltagssprachlichen Verständnis etwas befreien: Macht ist eben keine Ressource von Individuen (wie Geld), sondern immer an soziale Beziehungen bzw. soziale Systeme gebunden. Andererseits scheint in demokratischen Regimen der engere Bereich der politischen Willensbildung weniger durch Macht geprägt zu sein als der hierarchisch strukturierte Verwaltungsapparat zur Durchsetzung politischer Entscheidungen (3.6.b). Insofern kann man Macht nicht als Medium *aller* politischer Kommunikation bezeichnen. Da Easton vor allem diesen Bereich der Inputs und des Supports im Blick hat, erscheint sein Verzicht auf den Machtbegriff durchaus plausibel.

Die Frage, ob man vormoderne Herrschaftsstrukturen als ‚politische Systeme' betrachtet, ist zunächst eine rein analytische Frage. Tatsächlich ist in feudalen und in tribalen Gesellschaften politische Kommunikation wohl deutlich weniger getrennt von ökonomischen, rechtlichen oder religiösen Belangen als in der Gegenwart. Insofern ist es sinnvoll, von einer zunehmenden Ausdifferenzierung eines politischen Systems zu sprechen. Da Easton einen analytischen Systembegriff verwendet, hat er keine Schwierigkeiten auch in tribal oder feudal organisierten Gesellschaften von politischen Systemen zu sprechen. Auch diese müssen ihm zufolge Forderungen (*demands*) und Unterstützung (*support*) als Inputs in politische Maßnahmen als Outputs umwandeln und ähneln darin den ausdifferenzierten demokratischen Regimes der westlichen Gesellschaften der Gegenwart. Eastons Projekt einer ‚politischen Anthropologie' (1959) ist insofern ein sinnvoller Beitrag zur sozialwissenschaftlichen Forschung. Sein Ansatz erlaubt es auch, unterschiedliche Grade an Ausdifferenzierung politischer Systeme im Blick zu behalten – und diese empirisch zu untersuchen.

Luhmanns Systembegriff lässt genau eine solche Perspektive nicht zu. Erstens will er mit seinem Systembegriff tatsächlich beobachtbare Strukturen und Prozesse rekonstruieren. Politik in der Vormoderne ist aber nicht als eigenständiger Strukturzusammenhang erkennbar, sondern bis zur Unkenntlichkeit mit Wirtschaft, Religion, Recht, etc. verwoben. Deswegen kann man mit Luhmann nicht von politischen Systemen in tribalen oder feudalen Gesellschaften sprechen. Der zweite Punkt hängt eng damit zusammen: Luhmann definiert Autopoiesis als die selbstreferentielle Produktion von Elementen eines Systems aus sich selbst heraus. Um als ‚System' zu firmieren, muss die Politik also ständig neue politische Kommunikation aus sich selbst heraus generieren. Dieser Begriff des autopoietischen Systems schließt es aus, von einem ‚nicht vollständig ausdifferenzierten politischen System' zu sprechen. Bei Luhmann gibt es für soziale Phänomene nur die Alternativen: vollständig autopoietisches System – oder eben kein System. Grade der Ausdifferenzierung von politischen Systemen lassen sich mit Luhmanns Theorie also nicht beobachten. Genau so wie eine Frau entweder schwanger ist oder nicht, sei Kommunikation entweder autopoietisch und selbstreferentiell geschlossen oder nicht (Luhmann 1987c: 318f).

Diese Entscheidung ist in der Theorie-Logik schlüssig. Sie bringt allerdings auch Nachteile mit sich: Der Logik folgend müssten irgendwann beim Übergang zur Moderne ‚plötzlich' eigenständige Funktionssysteme wie Politik oder Wirtschaft entstehen und die Ständeordnung mit einem Schlag ablösen. Denn ein gradueller Übergang zu einem ausdifferenzierten politischen System ist in Luhmanns Begriffsapparat nicht vorgesehen. Nicht zuletzt lässt sich auf diese Weise auch die Verwobenheit von politischen mit ökonomischen und rechtlichen Prozessen in der Vormoderne (und in der Moderne!) schlecht fassen. Mit Easton müsste man an dieser Stelle einfach die Trennung oder Verflechtung politischer Rollen von ökonomischen und rechtlichen Belangen untersuchen – und hätte hierin ein Maß für die Eigenständigkeit der Politik. Dies wäre auch in Luhmanns Theorie möglich, wenn man Autopoiesis nicht als entweder-oder-Begriff, sondern in Abstufungen fassen könnte. Diesbezügliche Vorschläge vor allem von Gunther Teubner (1987) sind aber in die Theorie nicht aufgenommen worden.

Ebenfalls unterschiedlich gehen Easton und Luhmann mit dem Verhältnis zwischen Individuen und politischem System um. Bei Easton konstituieren die Individuen mit ihren Handlungen die überpersönlichen Strukturen und Prozesse des politischen Systems (2.4.d; 2.11.b.). Man kann Easton damit grob in eine handlungstheoretische Tradition stellen, in der soziale Strukturen (gewollte oder ungewollte) Resultate von individuellem Handeln sind. Im Zusammenspiel der individuellen Handlungen (bzw. später: ‚Interaktionen') entsteht eine eigene Ordnung gewissermaßen ‚über' den Individuen: das politische System. Und die darin verkörperten Strukturen und Prozesse gehorchen in gewissem Maße ihrer eigenen Logik – und strukturieren andererseits aber auch wieder die individuellen Handlungen. Politisches System und Individuum werden damit prinzipiell in einem Wechselverhältnis gedacht – auch wenn das politische System den analytischen und theoretischen Fokus der Eastonschen Theorie bildet.

Bei Luhmann spielen die Individuen noch stärker eine untergeordnete Rolle als bei Easton. Luhmann betont den Eigensinn sozialer Systeme. Das heißt für das politische System, dass die Kommunikation hier im Wesentlichen der Logik der Macht und des Gegeneinanders von Regierung und Opposition folgt. Psychische Systeme können auf diese selbstreferentiellen Prozesse allenfalls mit ‚Irritationen' einwirken. Denn psychische und kommunikative Prozesse sind grundsätzlich getrennt voneinander – und ein ‚Import' von Gedanken in soziale Systeme ist Luhmanns Autopoiesis-Konzept zufolge nicht möglich. Luhmann sieht damit einerseits den Spielraum individuellen Handelns in der Politik eher gering an. Andererseits zeigt er aber mit seinem Begriff der strukturellen Kopplung auch, wo die größten Chancen für ein individuelles Einwirken auf politische Prozesse zu finden sind: bei den Personen der ‚Entscheider'. Über die Personen auf zentralen Entscheidungspositionen im politischen System wird eine strukturelle Kopplung zwischen psychischen und politischen Prozessen hergestellt. Das heißt: Hier lässt sich das politische System am ehesten von psychischen Systemen irritieren. Andererseits werden solche Entscheider aber auch stärker durch das politische System geprägt – denn strukturelle Kopplung bedeutet immer selektiv verstärkte wechselseitige Beeinflussung.

4 Systemtheorien des Politischen im Vergleich

Tabelle 2: Zentrale Merkmale der Theorien des politischen Systems von Easton und Luhmann im Vergleich

	Easton	Luhmann
Grundausrichtung	Anwendungsbezug	logisch-begriffliche Konsistenz
Empiriebezug	Interpretationsrahmen für empirische Forschung	begriffliche Rekonstruktion empirisch vorfindlicher Systeme
Systembegriff	analytisch	empirisch-rekonstruktiv
Reichweite der Theorie / der Theorie des politischen Systems	Politisches System, auch in der Vormoderne (tribale / feudale Gesellschaften).	alle sozialen Prozesse, politisches System erst in der Moderne (funktionale Differenzierung)
Rolle von Individuen	Individuelle Handlungen / Interaktionen konstituieren das politische System.	Psychische Prozesse können soziale Systeme in geringen festgelegten Spielräumen ‚irritieren'. (strukturelle Kopplung)
Machtbegriff	ungeeignet für Politikwissenschaft	Macht bildet zentrales Medium des politischen Systems. Macht / Gegenmacht

Insgesamt lassen sich die wichtigsten Unterschiede zwischen den Theorien des politischen Systems von Easton und Luhmann folgendermaßen gegenüberstellen (Tabelle 2): Eastons Theorie soll einen starken Bezug zwischen theoretischer Ebene und Anwendungsforschung herstellen. Luhmanns Theorie hingegen ist in erster Linie ein Begriffsgerüst, dessen Stärke in der inneren Konsistenz liegt – nicht so sehr in der empirischen Anwendung. Während Easton einen Interpretationsrahmen für empirische Forschung liefern will, versucht Luhmann eine begriffliche Rekonstruktion von empirisch vorfindlichen Systemen. Luhmann geht davon aus, dass soziale Phänomene tatsächlich eine systemische Ordnung (und Dynamik) aufweisen. Diesem empirisch-rekonstruktiven Systembegriff gegenüber vertritt Easton eine analytische Perspektive auf Systeme: Systeme werden vom Forscher analytisch definiert und bilden nicht notwendig bestehende Zusammenhänge ab. Ein Beispiel dafür ist das ‚parametrische System', in dem Easton die Einstellungen der Bürger zur Politik zusammen fasst (2.7.c).

Bei der Reichweite der Theorie sind zwei Ebenen zu unterscheiden. Wenn die Theorie als Ganzes betrachtet wird, so bezieht sie sich bei Easton allein auf politische Systeme. Luhmanns Theorie ist demgegenüber sehr viel weitreichender: Er entwirft eine allgemeine Theorie des Sozialen, in der das politische System nur ein Untersuchungsgegenstand ist neben anderen Funktionssystemen, Organisationen und alltäglichen Begegnungen (Interaktionssystemen). Anders sieht es bei der Reichweite der Theorien des politischen Systems der beiden Autoren aus: Hier konzentriert sich Luhmann auf die ausdifferenzierten politischen Systeme der Neuzeit. In gewisser Weise liefert er auch zuallererst eine Theorie von Parteiendemokratien. Er betrachtet damit vor allem einen Spezialfall politischer Systeme. Eastons Theorie versucht demgegenüber ein sehr viel weiteres Spektrum von politischen Prozessen zu fassen. Easton formuliert seine Theorie bewusst auch so, dass sie auf autokratische Systeme (wie z.B. Monarchien oder Einparteienregime) wie auf Demokratien anwendbar ist. Auch die kaum ausdifferenzierten Instanzen der Formulierung und Durchsetzung kollektiv bindender Entscheidungen in den Stammes- und Feudalgesellschaften der Vormoderne betrachtet er als ‚politische Systeme', die im Prinzip die gleichen Systemmerkmale aufweisen.

Wie skizziert erhalten Individuen in den Theorien Eastons und Luhmanns einen sehr unterschiedlichen Stellenwert. Bei Easton konstituieren sie mit ihren Handlungen (bzw. Interaktionen) das System. Luhmann sieht allenfalls Irritationen des politischen Systems durch psychische Prozesse vor. In beiden Fällen erhält aber die Analyseebene des Systems deutlichen Vorrang gegenüber den individuellen Handlungen bzw. psychischen Prozessen. Den Machtbegriff hält Easton für zu amorph und deswegen für ungeeignet für die Politikwissenschaft. Luhmann hingegen sieht in politischer Macht das zentrale Kommunikationsmedium des politischen Systems. Erst wenn sich in der Moderne politische Macht von anderen Machtbeziehungen löst, könne man überhaupt von politischen Systemen sprechen.

(b) Neben diesen Unterschieden besteht natürlich auch eine Reihe von Gemeinsamkeiten in den beiden Theorien. Gemeinsam ist vor allem der Grundansatz der Betrachtung von Politik als System. Die wichtigsten Charakteristika dieses Ansatzes sollen hier noch einmal zusammengefasst werden. Der Startpunkt jeder Theorie sozialer Systeme ist immer eine *Ebene überpersönlicher Ordnung*. Es wird davon ausgegangen, dass – in gewisser Weise unabhängig von persönlichen Präferenzen oder Handlungen – soziale Prozesse und Strukturen existieren. Und diese Strukturen und Prozesse reproduzieren sich über bestimmte Mechanismen, die es zu identifizieren gilt. Damit ist nicht gesagt, dass individuelle Präferenzen oder Handlungen tatsächlich unwichtig wären. Vielmehr ist damit zunächst nur eine bestimmte Perspektive auf die soziale Welt begründet. Diese Perspektive erweist sich als sinnvoll, wenn man politische Strukturen und Prozesse begreifen möchte. Sie erlaubt es zum Beispiel, konkrete Konflikte oder Phänomene (etwa soziale Bewegungen oder die politische Entscheidungsfindung zu einem kontro-

4 Systemtheorien des Politischen im Vergleich

versen Thema) in einen größeren Zusammenhang von Strukturen und Prozessen einzuordnen. Denn die überpersönlichen Strukturen und Dynamiken beeinflussen das politische Geschehen teilweise sehr viel stärker als individuelle Motive und Handlungen.

Wie Vertreter und Kritiker einer solchen Perspektive von Emile Durkheim bis Jürgen Habermas deutlich gemacht haben, wird damit in gewisser Weise ein Blick ‚von außen' auf das politische Geschehen geworfen (Durkheim 1896; Habermas 1981: 179). Man nimmt nicht die Perspektive eines beteiligten Akteurs ein, der andere Akteure sieht und deren Handlungen dann auch moralisch bewertet. Sondern man abstrahiert von Akteuren und Handlungen und versucht, die ‚innere Logik' des politischen Geschehens zu sehen. Auf diese Weise werden Zusammenhänge sichtbar, die man in der handlungstheoretischen Teilnehmerperspektive nicht in den Blick bekommt. In der Politik regieren in dieser Sichtweise nicht mehr individuelle Interessen und Handlungen. Stattdessen rückt die Logik des Zusammenspiels politischer Akteure mit ihrer Orientierung an politischer Macht in den Vordergrund. Der Eigensinn bürokratischer Strukturen wird genauso sichtbar wie das Zusammenspiel mit Massenmedien, Verbänden und sozialen Bewegungen in der Konstruktion der ‚öffentlichen Meinung'. In all diesen Fällen geht es nicht primär um Individuen und deren Interessen, sondern um die Eigendynamik überpersönlicher Strukturen.

Muss eine solche Betrachtungsweise ohne normative Urteile auskommen? Dies wurde vor allem von Luhmann gefordert und von vielen ‚Kritischen' Theoretikern wie Jürgen Habermas und Claus Offe moniert. Moral ist ein Instrument der Alltagskommunikation, mit dem vor allem Personen für ihr Verhalten bestraft oder auch belohnt werden. Dies setzt voraus, dass man für soziale Vorgänge tatsächlich individuelle Personen (oder auch kollektive Akteure) verantwortlich macht. Die Perspektive der Systemtheorie sucht aber eben nicht nach individuellen Akteuren, sondern sieht in erster Linie die Eigendynamik von Strukturen verantwortlich für Probleme oder Fehlentwicklungen. Dies ist in der Perspektive angelegt. Vor allem in der Kontroverse zwischen Offe und Luhmann wurden die gegensätzlichen Positionen der Systemtheorie und einer an Handlungen ansetzenden ‚Kritischen' Perspektive deutlich.

Hier treffen zwei sehr unterschiedliche Sichtweisen aufeinander, die jeweils ganz unterschiedliche Blickwinkel auf das soziale Geschehen einnehmen. Die ‚Kritische' Perspektive liegt näher am Alltagsverständnis und hat auch politischen Charakter. Vor allem die Luhmannsche Theorie pflegt aber die Distanz zu ihrem Gegenstand – also zu Alltagskommunikation und zu Politik. Sie setzt allein auf der wissenschaftlichen Ebene an und versucht gar nicht, selbst politisch zu werden. In gewisser Weise stehen hier eine engagierte ‚politische Theorie' und eine distanzierte ‚Theorie der Politik' gegenüber. Wie Norbert Elias deutlich gemacht hat, bilden Engagement und Distanzierung zwei sehr unterschiedliche Herangehensweisen im gesellschaftlichen Leben – beide haben ihre Berechtigung und ergänzen sich insofern komplementär (Elias 1956). Eine Entscheidung darüber, welche der beiden Perspektiven die ‚richtige' ist, ist nicht möglich. Sie haben jeweils ihre eigene Logik und verfolgen auch unterschiedliche Ziele. In Deutschland bildeten vor allem die Theorien von Jürgen Habermas und Claus Offe in der Tradition der ‚Kritischen Theorie' den Gegenpol zu Luhmanns Systemtheorie. Dabei haben Habermas und Offe auch Argumente aus der Systemtheorie übernommen, um zu einem ‚abgeklärteren' Verständnis politischer Prozesse zu kommen. In den letzten Jahren hat diese Richtung der Kritischen Theorie jedoch an Boden verloren – den Gegenspieler eines Systemverständnisses von Politik bilden jetzt vor allem die Rational Choice-Theorien, die als treibende Kraft der Politik kühl und rational kalkulierende individuelle Akteure sehen. Zwar setzen Rational Choice-Theorien damit beim Individuum an. Sie wollen aber – genau wie Luhmann – auf moralische Urteile verzichten.

Akteurs- oder Systemperspektive, kritisches Engagement oder kühle Distanzierung – dies sind zwei der wichtigsten Kontroversen in den Sozialwissenschaften. Die Theorien des politischen Systems von Luhmann, aber auch von Easton nehmen hier eine eindeutige Position ein: Sie nehmen eine distanzierte Sichtweise auf ihren Gegenstand ein und beschreiben ihn als System. Akteure spielen dabei (wenn auch in unterschiedlichem Maße) eine untergeordnete Rolle. Andrew Abbott hat kürzlich eindrucksvoll dokumentiert, wie die Sozialwissenschaften immer wieder um solche Gegensatzpaare kreisen (2001: 9ff). In sozialwissenschaftlichen Kontroversen werden gegensätzliche Positionen immer wieder gegeneinander ausgespielt – als ob dabei tatsächlich wissenschaftliche Erkenntnisse produziert würden. Vor diesem Hintergrund sollten auch die Kontroversen um die Theorien des politischen Systems bewertet werden:

David Easton und Niklas Luhmann haben mit ihren Theorien des politischen Systems zwei sehr wichtige Interpretationsrahmen für das Verständnis von Politik geliefert. Beide Theorien haben eine Reihe von Gemeinsamkeiten. Sie zeigen aber auch – den unterschiedlichen Ansatzpunkten folgend – voneinander stark abweichende Konzepte. Diese Unterschiede spiegeln ebenfalls wieder wichtige konzeptionelle Kontroversen wieder. So verfolgt Easton eher einen analytischen Begriffsrahmen für empirische Forschung. Luhmann hingegen versucht eine begrifflich konsistente Rekonstruktion politischer Prozesse. Und während Easton den menschlichen Akteuren einen gewissen Spielraum und auch eine tragende Rolle in seinem Theoriegerüst einräumt, sieht Luhmann den Menschen nur als Randfigur – als ‚Störfaktor' gewissermaßen.

Die Kritik an diesen Theorien ist durchaus fruchtbar. Auf diese Weise kann zwar kaum ein großer Begriffsrahmen entstehen, der dann schließlich alle Sozi-

4 Systemtheorien des Politischen im Vergleich

alwissenschaftler überzeugt hätte und alle Ansprüche an kritisches Engagement, begrifflich-logischer Konsistenz und analytischer Brauchbarkeit in empirischer Forschung erfüllen könnte. Solche Kritik macht aber sichtbar, welche Eigenheiten und ‚Schwachstellen' theoretische Ansätze wie die von Easton und Luhmann aufweisen. Was auf der einen Seite wie ‚Balkanisierung' und ‚Eklektizismus' der Sozialwissenschaften aussieht, wäre von einer anderen Seite als ein Nebeneinander komplementärer Perspektiven zu sehen. Eine Entscheidung für eine bestimmte theoretische Perspektive wäre dann in erster Linie eine Folge der Ansprüche an eine solche Theorie.

David Easton versuchte mit seiner Theorie empirische Forschung anzuleiten und dieser einen allgemeinen Interpretationsrahmen zu geben. Das wichtigste Anwendungsgebiet sollte dementsprechend im Politikvergleich zwischen verschiedenen Ländern liegen. Wichtigste Variable war die Unterstützung für politische Akteure, für das Regime und für die politische Gemeinschaft. Damit schlug Easton den Bogen zur damals aufkommenden Wahlforschung, zum Cleavage-Konzept und zu der von Gabriel Almond begründeten Politischen Kulturschung. Mit den (relativ wenigen) Erweiterungen von Almond lieferte Easton für einige Jahre den Theorierahmen für die Politikwissenschaft, der auch heute noch dem Vergleich politischer Systeme größtenteils zugrunde liegt. Während sich bei Easton einige Schwächen in der begrifflichen Konsistenz und in den theoretischen Grundlagen finden, erweist sich der wahre Wert von Eastons Theorie in der Anwendung.

Ganz anders sehen die Ansprüche und die Zielsetzungen von Niklas Luhmanns Theorie des politischen Systems aus. Seine Weiterentwicklungen vor allem in der Grundlagentheorie führen zu einer extrem komplexen und schillernden Architektur des politischen Systems. Zugleich erlaubt der einheitliche begriffliche Rahmen die Verortung politischer Prozesse im Rahmen anderer sozialer Bereiche und Phänomene – wie etwa anderen Funktionssysteme wie Wirtschaft, Recht und Wissenschaft, aber auch den vielen Organisationen wie Parteien und Verbänden, die Luhmann selbst wieder als Systeme konzipiert. In ihrer abstrakten Technizität, begrifflich-logischen Ausgefeiltheit und kühlen Wertneutralität schreckt aber Luhmanns Theorie nicht nur viele ‚kritisch' engagierte Wissenschaftler ab. Die Theorie erlaubt auch kaum ihre Anwendung in empirischer Forschung. Luhmanns Theorie des politischen Systems wird aus diesen beiden Gründen nie die zentrale Stellung in der Politikwissenschaft einnehmen, die Eastons Modell für kurze Zeit innehatte. Luhmann wird für die Politikwissenschaft eher Irritation als Leitfaden bleiben, eher Herausforderung als Anleitung für Wissenschaft. Aber gerade darin liegt ihr unschätzbarer Wert.

Easton und Luhmann liefern sehr unterschiedliche Beiträge für die Politikwissenschaft. Beide Theorien zusammen genommen erlauben eine sehr differenzierte und ausgefeilte Sichtweise auf politische Strukturen und Prozesse. Da beide Theorien unterschiedliche Zielsetzungen verfolgen, kann auch nicht entschieden werden, welche denn allgemein die ‚bessere' wäre. Vielmehr finden wir hier zwei unterschiedliche Perspektiven, die jeweils für sich genommen den Blick auf unterschiedliche Aspekte dessen lenken, was wir das politische System nennen.

Literatur zum Weiterlesen

1. Einführungen und Überblicksdarstellungen

Der Literaturstand zu David Easton und Niklas Luhmann sieht sehr unterschiedlich aus. Eastons Abhandlungen sind zumeist nur auf Englisch erhältlich, genau so wie die meisten Arbeiten über ihn. Im deutschsprachigen Raum existieren nur einige wenige kurze Überblicksdarstellungen. Als *hilfreiche Einstiege zu David Easton* sind zu nennen:

- Dieter Fuchs: „Die politische Theorie der Systemanalyse: David Easton", in: André Brodocz / Gary Schaal (Hg.): *Politische Theorien der Gegenwart I*, Stuttgart: Leske + Budrich 2002, 345-369.
- Arno Waschkuhn: „David Easton (*1917)", in: Wilhelm Bleek / Hans Lietzmann (Hg.): *Klassiker der Politikwissenschaft*, München: Beck 2005, S. 251-262.

Zu Niklas Luhmanns Theorie ist hingegen in den letzten zwanzig Jahren eine Fülle von Arbeiten auf Deutsch erschienen – ganz abgesehen von seinen zahlreichen eigenen Werken. Allerdings bezieht sich der Großteil der Arbeiten auf seine soziologische Theorie – zu seiner Theorie der Politik gibt es ungleich weniger Arbeiten, die jedoch in den letzten Jahren (seit Ende der 90er) deutlich zugenommen haben. Als *allgemeine Überblicke in Niklas Luhmanns soziologische Theorie* empfehlen sich:

- Georg Kneer / Armin Nassehi: *Niklas Luhmanns Theorie sozialer Systeme; Eine Einführung*, München: Fink 1993.

und auf einer sehr einfachen Ebene:

- Christian Schuldt: *Systemtheorie*, Hamburg: Europäische Verlagsanstalt 2003.

Speziell zu Luhmanns Theorie der Politik sind zwei kürzere Darstellungen zu nennen:

- André Brodocz: „Die politische Theorie autopoietischer Systeme: Niklas Luhmann", in: ders. / Gary Schaal (Hg.): *Politische Theorien der Gegenwart II*, Opladen: Leske + Budrich 2001, 465-495.

- Kai-Uwe Hellmann: „Einleitung", in: ders. / Rainer Schmalz-Bruns *Theorie der Politik; Niklas Luhmanns politische Soziologie*, Frankfurt/Main: Suhrkamp 2002, 11-37.

2. Primärliteratur

Vielleicht der beste Einstieg in das Modell des politischen Systems von *David Easton* ist sein empochemachender Artikel:

- David Easton: „An Approach to the Analysis of Political Systems", in: *World Politics* 9 (1957), S. 383-400.

Auch seine beiden Bücher von 1965 sind leicht zugänglich und beinhalten die zentralen Komponenten seiner Theorie:

- David Easton: *A Framework for Political Analysis*, Chicago: Chicago University Press 1979 (erstmals 1965)
- David Easton: *A Systems Analysis of Political Life*, New York: Wiley 1965

A Framework for Political Analysis bildet die kürzere Einleitung mit einer systematischen Betrachtung des Systembegriffs und seiner erkenntnistheoretischen Grundlagen und Implikationen. *A Systems Analysis of Political Life* ist demgegenüber die längere Ausformulierung mit der genauen Betrachtung von Inputs und Outputs und Feedback Circle als den Etappen des politischen Prozesses.

Die Arbeiten von *Niklas Luhmann* sind demgegenüber sehr viel schwerer überschaubar und bewegen sich oft auf einer für den Laien schwer zugänglichen Abstraktionsebene. Als einfacher Einstieg in seine Gesellschaftstheorie empfiehlt sich:

- Niklas Luhmann: *Ökologische Kommunikation; Kann die moderne Gesellschaft sich auf ökologische Gefährdungen einstellen?*, Opladen: Westdeutscher Verlag 1988 (erstmals 1986)

Hier finden sich auch bereits wichtige Aussagen zum politischen System (und seiner Verflechtung mit anderen Funktionssystemen). Die Ausbuchstabierung seiner Gesellschaftstheorie findet sich schließlich in:

- Niklas Luhmann: *Die Gesellschaft der Gesellschaft*, Frankfurt/Main: Suhrkamp 1997

Luhmanns Hauptwerk zum politischen System ist posthum 2000 erschienen und für die Politikwissenschaft von großer Bedeutung:

Literatur zum Weiterlesen 121

- Niklas Luhmann: *Die Politik der Gesellschaft*, Frankfurt/Main: Suhrkamp 2000

Für den Einstieg in die Thematik eignen sich besser einige kürzere Aufsätze von Luhmann:

- Niklas Luhmann: „Soziologie des politischen Systems", in: ders.: *Soziologische Aufklärung 1*, Opladen: Westdeutscher Verlag 1988, 154-177 (erstmals 1968)
- Niklas Luhmann: „Die Zukunft der Demokratie", in: ders.: *Soziologische Aufklärung 4*, Opladen: Westdeutscher Verlag 1994, 126-132 (erstmals 1986)
- Niklas Luhmann: „Theorie der politischen Opposition", in: *Zeitschrift für Politik* 36 (1989), 13-26
- Niklas Luhmann: „Politische Steuerungsfähigkeit eines Gemeinwesens", in: Reinhard Göhner (Hg.): *Die Gesellschaft für morgen*, München: Piper 1993, 50-65

3. Weiterentwicklungen / Arbeiten anderer Autoren

Die wichtigste Weiterentwicklung des Modells von **David Easton** stellen ohne Frage die theoretischen Arbeiten von Gabriel Almond dar. Die aktuellste Fassung seines ständig erneuerten theoretischen Rahmens für Analyse und Vergleich politischer Systeme ist:

- Gabriel Almond / Bingham Powell / Kaare Strøm / Russel Dalton: *Comparative Politics: A Theoretical Framework*, New York: Longman 2003.

Es handelt sich dabei um die auch einzeln veröffentlichte theoretische Einleitung (Kapitel I und II) des Sammelbandes zu politischen Systemen in 12 Ländern:

- Gabriel Almond / Bingham Powell / Kaare Strøm / Russel Dalton: *Comparative Politics: A World View*, New York: Longman 2003.

In Deutschland hat vor allem Dieter Fuchs mit dem Modell von David Easton gearbeitet. Besonderer Schwerpunkt liegt hier (wie bei den meisten Anwendungen der Eastonschen Theorie) auf dem Konzept der politischen Unterstützung:

- Dieter Fuchs: *Die Unterstützung des politischen Systems der Bundesrepublik Deutschland*, Opladen: Westdeutscher Verlag 1989.
- Dieter Fuchs: „Das Konzept der politischen Kultur: Die Fortsetzung einer Kontroverse in konstruktiver Absicht", in: ders. / Edeltraud Roller / Bernhard Wessels (Hg.): *Bürger und Demokratie in Ost und West*, Wiesbaden: Westdeutscher Verlag 2002, 27-49.

An der Theorie sozialer Systeme von *Niklas Luhmann* setzt inzwischen eine Vielzahl von Autoren an. Einen guten Überblick über Arbeiten zu Aspekten des politischen Systems findet man in den zwei Bänden zur Tagung, die 2001 in Berlin zu Luhmanns *Die Politik der Gesellschaft* veranstaltet wurde:

- Kai-Uwe Hellmann / Rainer Schmalz-Bruns (Hg.): *Theorie der Politik; Niklas Luhmanns politische Soziologie*, Frankfurt/Main: Suhrkamp 2002.
- Kai-Uwe Hellmann / Karsten Fischer / Harald Bluhm (Hg.): *Das System der Politik; Niklas Luhmanns politische Theorie*, Opladen: Westdeutscher Verlag 2003.

Neben Easton und Luhmann und an ihnen ansetzenden Sozialwissenschaftlern haben natürlich viele **weitere Autoren** in Deutschland wie in anderen Ländern zur Theorie des politischen Systems gearbeitet. Im Folgenden sollen exemplarisch nur einige weitere Arbeiten genannt werden, die den gegenwärtigen Forschungsstand in Deutschland widerspiegeln.

Stärker als Luhmann hat sich Richard Münch in seiner Gesellschaftstheorie an dem theoretischen Rahmen von Parsons orientiert. Seine wichtigsten Aussagen zum politischen System finden sich in:

- Richard Münch: *Dynamik der Kommunikationsgesellschaft*, Frankfurt/Main: Suhrkamp 1995.

Aus der Richtung der Kritischen Theorie hat sich Jürgen Habermas in seiner Fassung der Politik als System an die Position von Niklas Luhmann angenähert. Grundlage hierfür war die Arbeit von Bernhard Peters, der etwa zeitgleich ein ähnliches Zentrum-Peripherie-Modell wie Niklas Luhmann entwickelt hat:

- Bernhard Peters: *Die Integration moderner Gesellschaften*, Frankfurt/Main: Suhrkamp 1993.
- Jürgen Habermas: *Faktizität und Geltung; Beiträge zur Diskurstheorie des Rechts und des demokratischen Rechtsstaats*, Frankfurt/Main: Suhrkamp 1992.

Literaturverzeichnis

Abbott, Andrew 2001: *Chaos of Disciplines*, Chicago: University of Chicago Press
Adorno, Theodor W. / Ralf Dahrendorf / Harald Pilot / Hans Albert / Jürgen Habermas / Karl Popper 1972: *Der Positivismusstreit in der deutschen Soziologie*, Darmstadt: Luchterhand
Alexander, Jeffrey / Bernhard Giesen / Richard Münch / Neil Smelser (Hg.) 1987: *The Micro-Macro Link*, Berkeley: University of California Press
Almond, Gabriel / Bingham Powell 1996: „Introduction", und „System, Process, and Policy", in: dies. (Hg.): *Comparative Politics Today*, New York: HarperCollins, 2-152
Almond, Gabriel / James Coleman (Hg.) 1960: *The Politics of Developing Areas*, Princeton: Princeton University Press
Almond, Gabriel / Sidney Verba 1963: *The Civic Culture*, Newbury Park: Sage 1989
Almond, Gabriel 1956: „Comparative Political Systems", in: *Journal of Politics* 18, 391-409
Almond, Gabriel 1960: „Introduction: A Functional Approach to Comparative Politics", in: ders. / James Coleman (Hg.): *The Politics of Developing Areas*, Princeton: Princeton University Press, 3-64
Almond, Gabriel 1990: *A Discipline Divided; Schools and Sects in Political Science*, Newbury Park: Sage
Almond, Gabriel 1996: „Political Science: The History of the Discipline", in: Robert Goodin / Hans-Dieter Klingemann (Hg.): *A New Handbook of Political Science*, Oxford: Oxford University Press, 50-96
Almond, Gabriel 1997: „The Political System of Conparative Politics; The Contribution of David Easton", in: Kristen Renwick Monroe (Hg.): *Contemporary Empirical Political Theory*, Berkeley: University of California Press, 219-230
Astin, John 1972: „Easton I and Easton II", in: *The Western Political Quarterly* 25, 726-737
Baker, Kendall / Sami Hajjar / Alan Evan Schenker 1972: „A Note on Behavioralists and Post-Behavioralists in Contemporary Political Science", in: *PS: Political Science and Politics* 5, 271-273
Bang, Henrik 1998: „David Easton's Postmodern Images", in: *Political Theory* 26, 281-316
Barben, Daniel 1996: *Theorietechnik und Politik bei Niklas Luhmann*, Opladen: Westdeutscher Verlag
Boudon, Raymond 1977: *Effets pervers et ordre social*, Paris: Quadrige 1993
Brodocz, André 2001: „Die politische Theorie autopoietischer Systeme: Niklas Luhmann", in: ders. / Gary Schaal (Hg.): *Politische Theorien der Gegenwart II*, Opladen: Leske + Budrich, 465-495

Brodocz, André 2003: „Das politische System und seine strukturellen Kopplungen", in: Hellmann et al. 2003, 80-94

Brodocz, André 2003a: *Die symbolische Dimension der Verfassung*, Wiesbaden: Westdeutscher Verlag

Campbell, Angus / Philip Converse / Warren Miller / Donald Stokes 1960: *The American Voter*, New York: Wiley

Coleman, James 1990: *Foundations of Social Theory*, Cambridge/Massachusetts: Belknap

Dahrendorf, Ralf 1967: „Gleichgewicht und Prozeß: Wider das statische Vorurteil in der soziologischen Theorie", in: ders.: *Pfade aus Utopia*, München: Piper, 212-313

Demirovic, Alex (Hg.) 2001: *Komplexität und Emanzipation; Kritische Gesellschaftstheorie und die Herausforderung der Systemtheorie Niklas Luhmanns*, Münster: Westfälisches Dampfboot

Van Deth, Jan / Elinor Scarbrough 1994: „The Concept of Values", in: dies. (Hg.): *The Impact of Values*, Oxford: Oxford University Press, 21-47

Deutsch, Karl W. 1963: *The Nerves of Government*, New York: Free Press

Durkheim, Emile 1896: *Les règles de la méthode sociologique*, Paris: Quadrige 1996

Easton, David 1951: „The Decline of Modern Political Theory", in: *The Journal of Politics* 13, 36-58

Easton, David 1953: *The Political System*, New York: Knopf 1971

Easton, David 1957: „An Approach to the Analysis of Political Systems", in: *World Politics* 9, 383-400

Easton, David 1959: „Political Anthropology", in: *Biennial Review of Anthropology* 1, 210-262

Easton, David 1965: *A Framework for Political Analysis*, Chicago: Chicago University Press 1979

Easton, David 1965a: *A Systems Analysis of Political Life*, New York: Wiley

Easton, David 1969: „The New Revolution in Political Science", in: *The American Political Science Review* 63, 1051-1061

Easton, David 1973: „Systems Analysis and Its Classical Critics", in: *The Political Science Reviewer* 3, 269-301

Easton, David 1975: „A Re-Assessment of the Concept of Political Support", in: *British Journal of Political Science* 5, 435-57

Easton, David 1976: „Theoretical Approaches to Political Support", in: *Canadian Journal of Political Science* 9, 431-448

Easton, David 1990: *The Analysis of Political Structure*, New York: Routledge

Easton, David 1991: „Interview" (by John Gunnell), in: M.A. Baer, M.E. Jewell and L. Sigelman (Hg.): *Political Science in America: Oral Histories of a Discipline*, Lexington: University Press of Kentucky, 195-214

Easton, David 1997: „The Future of the Post-Behavioral Phase in Political Science", in Kerstin Renwick Monroe (Hg.), *Contemporary Empirical Political Theory*, Berkeley: University of California Press, 13-46

Easton, David / Jack Dennis 1969: *Children in the Political System*, New York: McGraw-Hill

Elias, Norbert 1956: „Engagement und Distanzierung", in: ders.: *Engagement und Distanzierung*, Frankfurt/Main: Suhrkamp 1983, 7-71

Esser, Hartmut 1993: *Soziologie; Allgemeine Grundlagen*, Frankfurt/Main: Campus 1999
Esser, Hartmut 1996: „Die Definition der Situation", in: *Kölner Zeitschrift für Soziologie und Sozialpsychologie* 48, 1-34
Falter, Jürgen 1979: „*Die Behavioralismus-Kontroverse in der amerikanischen Politikwissenschaft*", in: *Kölner Zeitschrift für Soziologie und Sozialpsychologie* 31, 1-24
Falter, Jürgen 1982: *Der ‚Positivismusstreit' in der amerikanischen Politikwissenschaft*, Opladen: Westdeutscher Verlag
Fuchs, Dieter 1989: Die Unterstützung des politischen Systems der Bundesrepublik Deutschland, Opladen: Westdeutscher Verlag
Fuchs, Dieter 2002: „Die politische Theorie der Systemanalyse: David Easton", in: André Brodocz / Gary Schaal (Hg.): *Politische Theorien der Gegenwart I*, Stuttgart: Leske + Budrich, 345-369
Fuchs, Dieter 2002a: „Das Konzept der politischen Kultur: Die Fortsetzung einer Kontroverse in konstruktiver Absicht", in: ders. / Edeltraud Roller / Bernhard Wessels (Hg.): *Bürger und Demokratie in Ost und West*, Wiesbaden: Westdeutscher Verlag, 27-49
Garfinkel, Harold 1967: *Studies in Ethnomethodology*, Cambridge: Polity 1984
Giddens, Anthony 1979: *Central Problems in Social Theory*, Londond: Macmillan
Giddens, Anthony 1984: *The Constitution of Society*, Cambridge: Polity
Göbel, Andreas 2000: „Politikwissenschaft und Gesellschaftstheorie; Zu Rezeption und versäumter Rezeption der Luhmann'schen Systemtheorie", in: H. de Berg / J. Schmidt (Hg.): *Rezeption und Reflexion; zur Resonanz der Systemtheorie Niklas Luhmanns außerhalb der Soziologie*, Frankfurt/Main: Suhrkamp, 134-174
Göbel, Andreas 2003: „Die Selbstbeschreibungen des politischen Systems; Eine systemtheoretische Perspektive auf die politische Ideengeschichte", in: Hellmann et al. 2003, 213-235
Görke, Alexander 2003: „Das System der Massenmedien, öffentliche Meinung und Öffentlichkeit", in: Hellmann et al. 2003, 121-135
Green, Leslie 1985: „Support for the System", in: *British Journal of Political Science* 15, 127-142
Greven, Michael 1998: „Endgültige Abschiede?; Fragmentarische Überlegungen zu Niklas Luhmann", in: ders. / Herfried Münkler / Rainer Schmalz-Bruns (Hg.): *Bürgersinn und Kritik*, Baden-Baden: Nomos, 29-48
Habermas, Jürgen 1973: *Legitimationsprobleme im Spätkapitalismus*, Frankfurt/Main: Suhrkamp
Habermas, Jürgen 1981: *Theorie des kommunikativen Handelns; Band 2: Zur Kritik der funktionalistischen Vernunft*, Frankfurt/Main: Suhrkamp 1995
Habermas, Jürgen 1985: *Der philosophische Diskurs der Moderne*, Frankfurt/Main: Suhrkamp
Habermas, Jürgen 1989: „Volkssouveränität als Verfahren; Ein normativer Begriff der Öffentlichkeit", in: ders.: *Die Moderne – ein unvollendetes Projekt*, Leipzig: Reclam 1994, 180-212
Habermas, Jürgen 1992: *Faktizität und Geltung; Beiträge zur Diskurstheorie des Rechts und des demokratischen Rechtsstaats*, Frankfurt/Main: Suhrkamp

Haferkamp, Hans 1987: „Autopoietisches soziales System oder konstruktives soziales Handeln?; Zur Ankunft der Handlungstheorie und zur Abweisung empirischer Forschung in Niklas Luhmanns Systemtheorie", in: ders. / Michael Schmid (Hg.): *Sinn, Kommunikation und soziale Differenzierung*, Frankfurt/Main: Suhrkamp, 51-88

Hellmann, Kai-Uwe / Karsten Fischer / Harald Bluhm (Hg.) 2003: *Das System der Politik; Niklas Luhmanns politische Theorie*, Opladen: Westdeutscher Verlag

Hellmann, Kai-Uwe / Rainer Schmalz-Bruns (Hg.) 2002: *Theorie der Politik; Niklas Luhmanns politische Soziologie*, Frankfurt/Main: Suhrkamp

Hellmann, Kai-Uwe 2002: „Einleitung", in: ders. / Rainer Schmalz-Bruns 2002, 11-37

Hellmann, Kai-Uwe 2003: „Demokratie und Evolution", in: ders. et al. 2003, 179-212

Homans, George Caspar 1964: „Bringing Men back in", in: *American Sociological Review* 29, 809-818

Kneer, Georg / Armin Nassehi 1993: *Niklas Luhmanns Theorie sozialer Systeme; Eine Einführung*, München: Fink

Lange, Stefan 2002: „Die politische Utopie der Gesellschaftssteuerung", in: Hellmann / Schmalz-Bruns 2002, 171-193

Lange, Stefan 2003: *Niklas Luhmanns Theorie der Politik*, Wiesbaden: Westdeutscher Verlag

Lange, Stefan / Uwe Schimank 2001: „A Political Sociology for Complex Societies: Niklas Luhmann", in: Kate Nash / Alan Scott (Hg.): *The Blackwell Companion to Political Sociology*, Oxford: Blackwell, 60-70

Lazarsfeld, Paul / Bernard Berelson / Hazel Gaudet 1944: *The People's Choice*, New York: Columbia University Press 1968

Leslie, Peter 1972: „General Theory in Political Science: A Critique of Easton's Systems Analysis", in: *British Journal of Political Science* 2, 155-172

Lipset, Seymour Martin / Stein Rokkan 1967: „Cleavage Structures, Party Systems, and Voter Alignment", in: dies. (Hg.): *Party Systems and Voter Alignments: Cross-National Perspectives*, New York: Free Press, 1-64

Lipset, Seymour Martin 1960: *Political Man*, Baltimore: John Hopkins University Press 1981

Luhmann, Niklas / Jürgen Habermas 1971: *Theorie der Gesellschaft oder Sozialtechnologie – was leistet die Systemforschung?*, Frankfurt/Main: Suhrkamp

Luhmann, Niklas 1962: „Funktion und Kausalität", in: ders.: *Soziologische Aufklärung 1*, Opladen: Westdeutscher Verlag 1988, 9-30

Luhmann, Niklas 1968: „Soziologie des politischen Systems", in: ders.: *Soziologische Aufklärung 1*, Opladen: Westdeutscher Verlag 1988, 154-177

Luhmann, Niklas 1968a: *Vertrauen*, Stuttgart: Lucius 2000

Luhmann, Niklas 1969: *Legitimation durch Verfahren*, Frankfurt/Main: Suhrkamp 1993

Luhmann, Niklas 1970: „Öffentliche Meinung", in: ders. 1971, 9-34

Luhmann, Niklas 1971: *Politische Planung; Aufsätze zur Soziologie von Politik und Verwaltung*, Opladen: Westdeutscher Verlag

Luhmann, Niklas 1971a: „Die Weltgesellschaft", in: ders.: *Soziologische Aufklärung 2*, Opladen: Westdeutscher Verlag 1975, 51-71

Literaturverzeichnis

Luhmann, Niklas 1974: „Der politische Code; ‚Konservativ' und ‚progressiv' in systemtheoretischer Sicht", in: ders.: *Soziologische Aufklärung 3*, Opladen: Westdeutscher Verlag 1981, 267-286
Luhmann, Niklas 1975: *Macht*, Stuttgart: Lucius 2003
Luhmann, Niklas 1975a: „Interaktion, Organisation, Gesellschaft", in: ders.: *Soziologische Aufklärung 2*, Opladen: Westdeutscher Verlag, 8-20
Luhmann, Niklas 1981: *Politische Theorie im Wohlfahrtsstaat*, München: Olzog
Luhmann, Niklas 1981a: „Machtkreislauf und Recht in Demokratien", in: ders.: *Soziologische Aufklärung 4*, Opladen: Westdeutscher Verlag 1994, 142-151
Luhmann, Niklas 1984: *Soziale Systeme*, Frankfurt/Main: Suhrkamp 1996
Luhmann, Niklas 1985: „Die Soziologie und der Mensch", in: ders.: *Soziologische Aufklärung 6*, Opladen: Westdeutscher Verlag 1995, 265-274
Luhmann, Niklas 1986: *Ökologische Kommunikation; Kann die moderne Gesellschaft sich auf ökologische Gefährdungen einstellen?*, Opladen: Westdeutscher Verlag 1988
Luhmann, Niklas 1986a: „Die Zukunft der Demokratie", in: ders.: *Soziologische Aufklärung 4*, Opladen: Westdeutscher Verlag 1994, 126-132
Luhmann, Niklas 1986b: „‚Distinctions directrices'; Über Codierung von Semantiken und Systemen", in: ders.: *Soziologische Aufklärung 4*, Opladen: Westdeutscher Verlag 1994, 15-31
Luhmann, Niklas 1987: *Archimedes und wir; Interviews*, Berlin: Merve
Luhmann, Niklas 1987a: „Die Differenzierung von Politik und Wirtschaft und ihre gesellschaftlichen Grundlagen", in: ders.: *Soziologische Aufklärung 4*, Opladen: Westdeutscher Verlag 1994, 32-48
Luhmann, Niklas 1987b: „Die Richtigkeit soziologischer Theorie; Nach Popper", in: *Merkur* 41, 36-49
Luhmann, Niklas 1987c: „Autopoiesis als soziologischer Begriff", in: Hans Haferkamp / Michael Schmid (Hg.): *Sinn, Kommunikation und soziale Differenzierung*, Frankfurt/Main: Suhrkamp, 307-324
Luhmann, Niklas 1988: *Die Wirtschaft der Gesellschaft*, Frankfurt/Main: Suhrkamp
Luhmann, Niklas 1988a: „Wie ist Bewußtsein an Kommunikation beteiligt?", in: ders.: *Soziologische Aufklärung 6*, Opladen: Westdeutscher Verlag 1995, 37-54
Luhmann, Niklas 1989: „Theorie der politischen Opposition", in: *Zeitschrift für Politik* 36, 13-26
Luhmann, Niklas 1989a: „Politische Steuerung: Ein Diskussionsbeitrag", in: *Politische Vierteljahresschrift* 30, 4-9
Luhmann, Niklas 1989b: „Staat und Staatsräson im Übergang von traditionaler Herrschaft zu moderner Politik", in: ders.: *Gesellschaftsstruktur und Semantik 3*, Frankfurt/Main: Suhrkamp 1993, 65-148
Luhmann, Niklas 1990: *Die Wissenschaft der Gesellschaft*, Frankfurt/Main: Suhrkamp 1992
Luhmann, Niklas 1990a: „Gesellschaftliche Komplexität und öffentliche Meinung", in: ders.: *Soziologische Aufklärung 5*, Opladen: Westdeutscher Verlag, 170-182
Luhmann, Niklas 1990b: „Verfassung als evolutionäre Errungenschaft", in: *Rechtshistorisches Journal* 9, 176-220

Luhmann, Niklas 1991: *Soziologie des Risikos*, Berlin: de Gruyter
Luhmann, Niklas 1991a: „Die Form Person", in: ders.: *Soziologische Aufklärung 6*, Opladen: Westdeutscher Verlag 1995, 142-154
Luhmann, Niklas 1992: „Die Unbeliebtheit der Parteien", in: *Die politische Meinung* 272, 5-11
Luhmann, Niklas 1992a: „Die Beobachtung der Beobachter im politischen System: Zur Theorie der Öffentlichen Meinung", in: Jürgen Wilke (Hg.): *Öffentliche Meinung; Theorie, Methoden, Befunde*, Freiburg: Alber, 77-86
Luhmann, Niklas 1993: „‚Was ist der Fall?' und ‚Was steckt dahinter?'; Die zwei Soziologien und die Gesellschaftstheorie", in: *Zeitschrift für Soziologie* 22, 245-260
Luhmann, Niklas 1993: *Das Recht der Gesellschaft*, Frankfurt/Main: Suhrkamp 1997
Luhmann, Niklas 1993a: „Die Ehrlichkeit der Politiker und die höhere Amoralität der Politik", in: Peter Kemper (Hg.): *Opfer der Macht; Müssen Politiker ehrlich sein?*, Frankfurt/Leipzig: Insel, 25-41
Luhmann, Niklas 1993b: „Politische Steuerungsfähigkeit eines Gemeinwesens", in: Reinhard Göhner (Hg.): *Die Gesellschaft für morgen*, München: Piper, 50-65
Luhmann, Niklas 1995: *Politik und Wirtschaft*, in: Merkur 49, 573-581
Luhmann, Niklas 1996: *Protest*, Frankfurt/Main: Suhrkamp
Luhmann, Niklas 1996a: *Die Realität der Massenmedien*, Opladen: Westdeutscher Verlag
Luhmann, Niklas 1997: *Die Gesellschaft der Gesellschaft*, Frankfurt/Main: Suhrkamp
Luhmann, Niklas 2000: *Die Politik der Gesellschaft*, Frankfurt/Main: Suhrkamp
Luhmann, Niklas 2000a: *Organisation und Entscheidung*, München: Oldenbourg
Luhmann, Niklas 2002: *Einführung in die Systemtheorie*, Heidelberg: Auer
Marcinkowski, Frank 2002: „Politische Öffentlichkeit; Systemtheoretische Grundlagen und politikwissenschaftliche Grundlagen", in: Hellmann / Schmalz-Bruns 2002, 85-108
Martens, Will 1991: „Die Autopoiesis sozialer Systeme", in: *Kölner Zeitschrift für Soziologie und Sozialpsychologie* 43, 625-646
Mayntz, Renate 1995: „Politische Steuerung: Aufstieg, Niedergang und Transformation einer Theorie", in: Klaus von Beyme / Claus Offe (Hg.): *Politische Theorien in der Ära der Transformation*, PVS Sonderheft 26, Opladen: Westdeutscher Verlag, 148-168
Merton, Robert 1949: „Manifest and Latent Functions", in: ders.: *Social Theory and Social Structure*, New York: Free Press, 21-81
Miller, Eugene 1971: „David Easton's Political Theory", in: *The Political Science Reviewer* 1, 184-235
Müller, Klaus 1996: *Allgemeine Systemtheorie; Geschichte, Methodologie und sozialwissenschaftliche Heuristik eines Wissenschaftsprogramms*, Opladen: Westdeutscher Verlag
Münch, Richard 1995: „Systemtheorie und Politik", in: Dieter Nohlen / Rainer-Olaf Schultze (Hg.): *Lexikon der Politik; Band I: Politische Theorien*, München: Beck, 625-635
Nassehi, Armin / Irmhild Saake 2002: „Kontingenz: Methodisch verhindert oder beobachtet?; Ein Beitrag zur Methodologie der qualitativen Sozialforschung", in: *Zeitschrift für Soziologie* 31, 66-86

Literaturverzeichnis 129

Offe, Claus 1985: „New Social Movements: Challenging the Boundaries of Institutional Politics", in: *Social Research* 52, 817-868

Offe, Claus 1986: „Demokratie und ‚höhere Amoralität'; Eine Erwiderung auf Niklas Luhmann", in: Klaus Binder (Hg.): *Der Traum der Vernunft; Vom Elend der Aufklärung*; Zweite Folge, Neuwied: Luchterhand, 218-232

Parsons, Talcott 1951: *The Social System*, New York: Free Press

Parsons, Talcott 1961: „An Outline of the Social System", in: ders. et al. (Hg.): *Theories of Society*, New York: Free Press 1968, 30-79

Parsons, Talcott 1969: *Politics and Social Structure*, New York: Free Press

Parsons, Talcott 1977: *Social Systems and the Evolution of Action Theory*, New York: Free Press

Parsons, Talcott 1978: *Action Theory and the Human Condition*, New York: Free Press

Parsons, Talcott / Robert Bales 1953: „The Dimensions of Action-Space", in: dies. / Edward Shils: *Working Papers in the Theory of Action*, New York: Free Press, 63-109

Popper, Karl 1934: *Logik der Forschung*, Tübingen: Mohr 1989

Scharpf, Fritz 1989: „Politische Steuerung und Politische Institutionen", in: *Politische Vierteljahresschrift* 30, 10-21

Scholl, Armin / Siegfried Weischenberg 1998: *Journalismus in der Gesellschaft; Theorie, Methodologie und Empirie*, Opladen: Westdeutscher Verlag

Sloterdijk, Peter 2000: „Der Anwalt des Teufels; Niklas Luhmann und der Egoismus der Systeme", in: *Soziale Systeme* 6, 3-38

Stephens, Jerone 1969: „The Logic of Functional and Systems Analyses in Political Science", in: *Midwest Journal of Political Science* 13, 367-394

Stichweh, Rudolf 1999: „Niklas Luhmann (1927-1998)", in: Dirk Kaesler (Hg.): *Klassiker der Soziologie 2; Von Talcott Parsons bis Pierre Bourdieu*, München: Beck, 206-229

Stichweh, Rudolf 2002: „Politik und Weltgesellschaft", in: Hellmann / Schmalz-Bruns 2002, 287-296

Strong, Tracy B. 1998: „David Easton; Reflections on an American Scholar", in: *Political Theory* 26, 267-280

Teubner, Gunther 1987: „Hyperzyklus in Recht und Organisation; Zum Verhältnis von Selbstbeobachtung, Selbstkonstitution und Autopoiese", in: Hans Haferkamp / Michael Schmid (Hg.): *Sinn, Kommunikation und soziale Differenzierung*, Frankfurt/Main: Suhrkamp, 89-128

Waschkuhn, Arno 2005: „David Easton (*1917)", in: Wilhelm Bleek / Hans Lietzmann (Hg.): *Klassiker der Politikwissenschaft*, München: Beck, S. 251-262.

Weber, Max 1921: *Wirtschaft und Gesellschaft*, Tübingen: Mohr 1972

Willke, Helmut 1992: *Ironie des Staates*, Frankfurt/Main: Suhrkamp

Wimmer, Hannes 1996: *Evolution der Politik: Von der Stammesgesellschaft zur modernen Demokratie*, Wien: WUV

Wimmer, Hannes 2000: *Die Modernisierung politischer Systeme*, Wien: Böhlau

Wrong, Dennis 1961: „The Oversocialized Conception of Man in Modern Sociology", in: *American Sociological Review* 26, 183-193

Neu im Programm Politikwissenschaft

Arthur Benz (Hrsg.)
Governance – Regieren in komplexen Regelsystemen
Eine Einführung
2004. 240 S. Governance Bd. 1.
Br. EUR 24,90
ISBN 3-8100-3946-2

Governance: Ein Modebegriff oder ein sinnvolles wissenschaftliches Konzept? Das Buch erläutert das Konzept in unterschiedlichen Diskussionszusammenhängen und begründet seine Relevanz.

Jürgen Hartmann
Das politische System der Bundesrepublik Deutschland im Kontext
Eine Einführung
2004. 311 S. Br. EUR 21,90
ISBN 3-531-14113-9

Diese Einführung in das politische System der Bundesrepublik schildert den Parlamentarismus, den Bundesstaat, die Parteien, die Gesetzgebung und die politische Verwaltung, die Praxis der Koalitionsregierung und das Verfassungsgericht. Das Buch wählt eine vergleichende Perspektive, um diese tragenden Strukturen des politischen Systems zu beleuchten. Es skizziert die entsprechenden Strukturen in den Nachbarländern und in den USA. Das politische System wird immer stärker vom Umfeld der Europäischen Union bestimmt. Dem trägt das Buch mit einer komprimierten Darstellung der EU-Institutionen sowie mit einer Schilderung der wichtigsten Nahtstellen zwischen der deutschen und der europäischen Politik Rechnung.

Beate Kohler-Koch,
Thomas Conzelmann,
Michèle Knodt
Europäische Integration – Europäisches Regieren
2004. 348 S. Grundwissen Politik Bd. 34.
Geb. EUR 26,90
ISBN 3-8100-3543-2

In diesem Einführungsbuch stehen Entwicklung und Funktionsweise der Europäischen Union im Mittelpunkt. Die Exemplifizierung theoriegeleiteter Analyse soll dazu verhelfen, den sperrigen Gegenstand der europäischen Integration eigenständig zu erschließen. Dieses Einführungsbuch soll dazu dienen, die Entwicklung und Funktionsweise der Europäischen Union besser zu begreifen.
Die Autoren wählen eine theoriegeleitete Analyse der Entwicklung und Gestaltung europäischer Politik. Gleichzeitig gibt das Buch einen Überblick über unterschiedliche Theorieansätze und deren Anwendung auf konkrete Tätigkeitsbereiche und Strukturentwicklungen.

Erhältlich im Buchhandel oder beim Verlag.
Änderungen vorbehalten. Stand: Januar 2005.

www.vs-verlag.de

VS VERLAG FÜR SOZIALWISSENSCHAFTEN

Abraham-Lincoln-Straße 46
65189 Wiesbaden
Tel. 0611.7878-722
Fax 0611.7878-400

Neu im Programm Politikwissenschaft

Steffen Kailitz
Politischer Extremismus in der Bundesrepublik Deutschland
Eine Einführung
2004. 259 S. Br. EUR 19,90
ISBN 3-531-14193-7

Diese Einführung bietet einen Überblick über die verschiedenen Erscheinungsformen des politischen Extremismus. Im Mittelpunkt steht die Betrachtung Deutschlands. Ein vergleichender Blick fällt auf Frankreich, Italien und Großbritannien. Gewalttäter von rechts und links behandelt die Studie ebenso wie rechts- und linksextremistische Parteien. Überblickskapitel klären folgende Fragen: Welche Anhängerschaft hat der Extremismus von rechts und links in Deutschland? Welche Ursachen hat der politische Extremismus? Wie schützt sich die (deutsche) Demokratie vor dem Extremismus?

Kay Müller / Franz Walter
Graue Eminenzen der Macht
Küchenkabinette in der deutschen Kanzlerdemokratie.
Von Adenauer bis Schröder
2004. 214 S. Br. EUR 19,90
ISBN 3-531-14348-4

Dieses Buch betrachtet erstmals alle Küchenkabinette in der Geschichte der Bundesrepublik: Wer sind diese Männer und (wenigen) Frauen im Schatten der Macht? Welchen Einfluss hatten sie auf die Politik, den Erfolg oder Misserfolg des Regierungschefs? Wie war das Verhältnis der Kanzler zu ihren engen Beratern? Was sind die Voraussetzungen und Erfolgsbedingungen für die Auswahl und die Arbeit eines Küchenkabinettes? Insgesamt bietet das Buch einen farbigen Einblick in den engsten und sehr informellen Bereich der Regierungsmacht in der Bundesrepublik Deutschland.

Andreas Kost (Hrsg.)
Direkte Demokratie in den deutschen Ländern
2005. ca. 350 S. Br. ca. EUR 24,90
ISBN 3-531-14251-8

Dieser Band bietet einen systematischen und nach Bundesländern gegliederten Überblick zur direkten Demokratie und zusätzlich einige Grundsatzbeiträge.

Erhältlich im Buchhandel oder beim Verlag.
Änderungen vorbehalten. Stand: Januar 2005.

www.vs-verlag.de

VS VERLAG FÜR SOZIALWISSENSCHAFTEN

Abraham-Lincoln-Straße 46
65189 Wiesbaden
Tel. 0611.7878-722
Fax 0611.7878-400

MIX
Papier aus verantwortungsvollen Quellen
Paper from responsible sources
FSC® C105338

If you have any concerns about our products,
you can contact us on
ProductSafety@springernature.com

In case Publisher is established outside the EU,
the EU authorized representative is:
**Springer Nature Customer Service Center GmbH
Europaplatz 3, 69115 Heidelberg, Germany**

Printed by Libri Plureos GmbH
in Hamburg, Germany